EERSTE EDITIE - Gepubliceerd in 2022

Extra grafisch materiaal van: www.freepik.com
Dank aan: Alekksall, Starline, Pch.vector, Rawpixel.com,
Vectorpocket, Dgim-studio, Upklyak, Macrovector,
Stockgiu, Pikisuperstar & Freepik.com Designers

Ontdek gratis online spelletjes

Hier verkrijgbaar:

BestActivityBooks.com/FREEGAMES

5 TIPS OM TE BEGINNEN!

1) HOE OP TE LOSSEN

De Puzzels zijn in een Klassiek Formaat:

- Woorden worden verborgen zonder pauzes (geen spaties, streepjes, ...)
- Oriëntatie: Voorwaarts & Achterwaarts, Boven & Beneden of in Diagonaal (kan in beide richtingen)
- Woorden kunnen elkaar overlappen of kruisen

2) ACTIEF LEREN

Naast elk woord is een spatie voorzien om de vertaling te noteren. Om actief te leren vindt u een **WOORDENBOEK** aan het einde van deze editie om uw kennis te controleren en uit te breiden. U kunt elke vertaling opzoeken en opschrijven, de woorden in de puzzel vinden en ze vervolgens aan uw woordenschat toevoegen!

3) TAG JE WOORDEN

Hebt u al geprobeerd een labelsysteem te gebruiken? U zou bijvoorbeeld de woorden die moeilijk te vinden waren kunnen markeren met een kruis, de woorden die u leuk vond met een ster, nieuwe woorden met een driehoek, zeldzame woorden met een ruit enzovoort...

4) ORGANISEER UW LEREN

Wij bieden ook een handig **NOTITIEBOEKJE** aan het eind van deze uitgave. Of u nu op vakantie, op reis of thuis bent, u kunt uw nieuwe kennis gemakkelijk ordenen zonder dat u een tweede notitieboek nodig hebt!

5) AFGESLOTEN?

Ga naar de bonussectie: **FINAAL UITDAGING** om een gratis spel te vinden dat aan het einde van deze editie wordt aangeboden!

Wil je meer leuke en leerzame activiteiten? Het is Snel en Eenvoudig!
Een hele collectie spelboeken slechts **één klik verwijderd!**

Vind uw volgende uitdaging bij:

BestActivityBooks.com/MijnVolgendeBoek

Klaar... Start!

Wist u dat er zo'n 7000 verschillende talen in de wereld zijn? Woorden zijn kostbaar.

We houden van talen en hebben hard gewerkt om de boeken van de hoogste kwaliteit voor u te maken. Onze ingrediënten?

Een selectie van onmisbare leerthema's, drie grote plakken plezier, dan voegen we er een lepel moeilijke woorden en een snuifje zeldzame woorden aan toe. We serveren ze met zorg en een maximum aan verrukking, zodat je de beste woordspelletjes kunt oplossen en veel plezier beleeft aan het leren!

Uw feedback is essentieel. U kunt een actieve bijdrage leveren aan het succes van dit boek door een recensie achter te laten. Vertel ons wat u het meest beviel in deze editie!

Hier is een korte link die u naar uw bestelpagina brengt:

BestBooksActivity.com/Recensies50

Bedankt voor uw hulp en veel plezier met het spel!

Linguas Classics

1 - Metingen

```
J  Q  U  D  D  B  D  H  P  Q  Q  I  T  Z
L  M  M  A  S  S  E  R  K  K  F  U  O  E
Z  X  I  B  L  G  E  W  I  C  H  T  N  N
U  W  N  V  Y  B  H  U  L  M  Ö  F  N  T
Z  I  U  K  N  T  W  U  O  L  H  S  E  I
O  F  T  X  I  O  E  M  M  F  E  L  W  M
L  M  E  J  S  L  I  T  E  R  L  Ä  N  E
L  A  Z  C  R  O  O  P  T  R  E  N  K  T
M  C  Z  M  Y  K  G  G  E  C  E  G  J  E
U  N  Z  E  V  S  C  R  R  L  A  E  S  R
S  I  G  T  I  E  F  E  A  A  G  O  I  N
W  T  D  E  Z  I  M  A  L  M  M  U  R  S
V  K  B  R  E  I  T  E  G  U  M  M  A  M
V  O  L  U  M  E  N  I  R  G  G  R  A  D
```

BREITE	KILOGRAMM
BYTE	KILOMETER
ZENTIMETER	LÄNGE
DEZIMAL	LITER
TIEFE	MASSE
GEWICHT	METER
GRAD	MINUTE
GRAMM	UNZE
HÖHE	TONNE
ZOLL	VOLUMEN

2 - Keuken

```
W  A  S  S  E  R  K  O  C  H  E  R  R  B
J  B  C  E  Y  S  L  E  M  E  S  S  E  R
X  Q  H  K  R  I  C  R  S  L  H  P  S  G
V  R  Ü  O  E  V  U  H  G  S  X  Y  S  B
Z  T  R  T  Z  T  I  G  W  P  E  G  S  Y
C  R  Z  Z  E  A  L  E  O  A  E  N  T  K
C  B  E  T  P  S  J  W  T  K  M  D  Ä  E
B  Z  E  O  T  S  N  Ü  P  T  F  M  B  L
G  R  I  L  L  E  D  R  C  L  E  H  C  L
Q  Z  N  Ö  O  N  Q  Z  Z  H  J  P  H  E
L  A  O  F  E  N  J  E  H  K  A  V  E  F
I  G  Z  F  K  R  U  G  A  B  E  L  N  D
O  H  T  E  S  C  H  Ü  S  S  E  L  L  N
K  Ü  H  L  S  C  H  R  A  N  K  X  B  J
```

TASSEN	OFEN
ESSSTÄBCHEN	KELLE
GRILL	REZEPT
WASSERKOCHER	SCHÜRZE
KÜHLSCHRANK	SERVIETTE
SCHÜSSEL	GEWÜRZE
KRUG	SCHWAMM
LÖFFEL	ESSEN
MESSER	GABELN

3 - Boten

```
M  V  N  U  N  Y  A  C  H  T  J  W  K  P
O  K  A  W  H  A  J  D  W  O  Z  E  A  N
T  A  F  V  C  N  U  B  G  A  M  L  N  S
O  J  E  C  E  K  F  T  S  I  E  L  U  E
R  A  N  L  T  E  L  A  I  S  E  E  K  G
H  K  K  V  F  R  U  O  Y  S  R  N  T  E
A  W  D  N  W  S  S  T  J  F  C  Y  N  L
F  C  A  O  A  K  S  M  S  F  R  H  I  B
J  D  S  E  C  K  Q  K  W  Ä  E  M  Q  O
K  U  E  H  F  K  C  Y  K  H  W  C  A  O
A  P  I  F  L  O  S  S  B  R  B  I  U  T
W  C  L  A  H  X  Q  A  S  E  B  O  O  W
M  A  S  T  D  C  S  Q  W  P  A  Z  J  T
R  E  T  T  U  N  G  S  B  O  O  T  B  E
```

ANKER	MOTOR
CREW	NAUTISCH
BOJE	OZEAN
DOCK	RETTUNGSBOOT
WELLEN	FLUSS
YACHT	SEIL
KAJAK	FÄHRE
KANU	FLOSS
MAST	MEER
SEE	SEGELBOOT

4 - Chocolade

```
V Q Z K Ö S T L I C H L V V
E H U F A V O R I T V V M O
R A T A Y L D P G Z L Z E A
L N A A L I O F P U L V E R
A D T N K I Z R Y C P K X O
N W G T A B T V I K H A O M
G E E I K I T Ä L E T R T A
E R S O A T B C T R N A I H
N K C X O T G F U L F M S S
X L H I R E J X L W C E C L
U I M D V R E Z E P T L H S
C C A A Y H T A L Y L E Ü
N H C N E R D N Ü S S E S S
G R K S U K O K O S N U S S
```

ANTIOXIDANS
AROMA
HANDWERKLICH
BITTER
KAKAO
KALORIEN
EXOTISCH
FAVORIT
KÖSTLICH
ZUTAT

KARAMELL
KOKOSNUSS
QUALITÄT
ERDNÜSSE
PULVER
REZEPT
GESCHMACK
ZUCKER
VERLANGEN
SÜSS

5 - Tijd

```
G D X G Q F U M R G S M X A
E L U Y K D T Z O N K F V J
S S T U N D E J A R H Y I A
T J A C A A D P L J G N A H
E M G N C Y C J G N R E I R
R O J A H R B H E U T E N H
N N W A T Z U K U N F T Q U
U A O H H K A L E N D E R N
W T C A W R F R Ü H F P Y D
V V H J W L Z M I N U T E E
Y C E H G L Z E O U H R U R
M I T T A G E W H P X D W T
P A A L J E T Z T N W Z J Z
J Ä H R L I C H Q V T T K N
```

TAG	MINUTE
JAHRZEHNT	NACH
JAHRHUNDERT	NACHT
GESTERN	JETZT
JAHR	MORGEN
JÄHRLICH	ZUKUNFT
KALENDER	STUNDE
UHR	HEUTE
MONAT	FRÜH
MITTAG	WOCHE

6 - Meditatie

```
G E I S T I G L E R N E N Q
G E M I T G E F Ü H L O K M
J L D A N K B A R K E I T T
F B K A A N N A H M E I X Q
C W R V N A T U R W A C H D
N A S N X K E I N B L I C K
S T I L L E E E F F J K B F
R M I M F M Y N M H G L E R
J U I X Y U G D U N Z A W I
M N H T N S G L Ü C K R E E
X G R I V I U B W R N H G D
E S R T G K C G A E F E U E
P E R S P E K T I V E I N N
H A L T U N G A J B R T G L
```

ANNAHME	LERNEN
ATMUNG	MITGEFÜHL
BEWEGUNG	GEISTIG
DANKBARKEIT	MUSIK
GEDANKEN	NATUR
GLÜCK	PERSPEKTIVE
KLARHEIT	STILLE
HALTUNG	FRIEDEN
EINBLICK	WACH
RUHIG	

7 - Zomer

```
U  P  R  X  Z  M  E  E  R  R  K  U  S  S
O  R  Q  E  O  I  U  W  Q  E  J  Y  C  A
E  B  L  T  I  J  I  S  U  D  U  Z  H  N
A  H  E  A  Y  S  V  Q  I  L  A  B  W  D
U  C  C  U  U  Z  E  R  T  K  T  A  I  A
C  F  M  C  P  B  S  T  E  R  N  E  M  L
B  Ü  C  H  E  R  Y  B  X  U  F  S  M  E
B  G  H  E  C  A  M  P  I  N  G  S  E  N
X  T  F  N  D  F  A  M  I  L  I  E  N  R
Z  F  R  E  U  N  D  E  B  S  S  N  N  Q
S  T  R  A  N  D  F  R  E  I  Z  E  I  T
E  N  T  S  P  A  N  N  U  N  G  Q  T  Y
Z  C  G  A  R  T  E  N  S  P  I  E  L  E
F  R  E  U  D  E  U  O  Q  D  W  I  Z  J
```

BÜCHER	STRAND
TAUCHEN	GARTEN
FAMILIE	URLAUB
SPIELE	ESSEN
CAMPING	FREUDE
MUSIK	FREUNDE
ENTSPANNUNG	FREIZEIT
REISE	MEER
SANDALEN	SCHWIMMEN
STERNE	

8 - Vogels

```
E U L E K R Ä H E P H G O O
L O L O V U R Z P F A U X E
S C M K G B C S P A T Z H A
P E L I K A N K T O U C A N
A E N T E L N B U F F F S O
P R E I H E R S P C H L C B
A Z D C B T D T I V K A H U
G M E L A G D O N W G M W J
E Y M D R U K R G T V I A P
I Z Ö K M G E C U R Q N N F
B I W J N G Z H I H D G J Z
W H E I K Z P B N Z A O Y B
C V G S S T R A U S S K O H
H X M B Y U V T A U B E U U
```

TAUBE	STORCH
ENTE	PAPAGEI
EI	PFAU
FLAMINGO	PELIKAN
GANS	PINGUIN
HUHN	REIHER
KUCKUCK	STRAUSS
KRÄHE	TOUCAN
MÖWE	EULE
SPATZ	SCHWAN

9 - Behoud

```
B O O Z A N I P N P G L R O
N I R C V C A B V E E E N P
K A L G Z Y K L U S S B A F
L U T D A G A Y V T U E C R
I M C Ü U N H F C I N N H E
M W T Ö R N I U C Z D S H D
A E I K S L G S N I H R A U
S L D O R U I A C D E A L Z
N T T S G W K C T H I U T I
V U Z Y G X M M H T T M I E
V E R S C H M U T Z U N G R
T O O T W A S S E R I M R E
N D R E C Y C E L N V T Ü N
C H E M I K A L I E N A N H
```

CHEMIKALIEN
NACHHALTIG
ÖKOSYSTEM
ZYKLUS
GESUNDHEIT
GRÜN
LEBENSRAUM
KLIMA
UMWELT

NATÜRLICH
BILDUNG
ORGANISCH
PESTIZID
RECYCELN
REDUZIEREN
VERSCHMUTZUNG
WASSER

10 - Wiskunde

```
W  I  N  K  E  L  C  Q  Q  D  P  K  G  B
M  V  I  D  E  R  G  F  P  U  F  U  L  R
X  Q  L  R  X  T  G  M  G  R  J  G  E  U
R  U  W  E  P  F  O  A  O  C  I  E  I  C
E  A  K  I  O  B  S  J  O  H  P  L  C  H
C  D  S  E  N  D  E  Z  I  M  A  L  H  T
H  R  Y  C  E  I  N  K  V  E  R  F  U  E
T  A  M  K  N  V  K  F  R  S  A  R  N  I
E  T  M  J  T  I  R  Y  O  S  L  D  G  L
C  L  E  K  N  S  E  U  W  E  L  H  Z  S
K  R  T  A  U  I  C  U  C  R  E  D  V  U
M  M  R  H  Q  O  H  R  V  C  L  G  N  M
Q  P  I  H  Z  N  T  U  M  F  A  N  G  M
A  E  E  K  P  Z  P  O  L  Y  G  O  N  E
```

KUGEL
DEZIMAL
DURCHMESSER
DIVISION
DREIECK
EXPONENT
BRUCHTEIL
WINKEL
SENKRECHT

UMFANG
PARALLEL
RECHTECK
SUMME
SYMMETRIE
POLYGON
GLEICHUNG
QUADRAT

11 - Camping

```
M  R  C  P  Z  R  K  C  T  B  L  H  Q  D
I  O  F  I  X  K  A  B  I  N  E  U  H  K
R  C  N  I  N  K  R  E  E  S  O  T  Y  A
W  A  L  D  S  S  T  R  R  X  L  J  A  N
B  L  Z  J  X  E  E  G  E  A  K  T  X  U
Z  J  U  Q  U  I  M  K  N  B  Ä  U  M  E
Z  E  L  T  N  L  N  C  T  E  F  G  U  G
K  O  M  P  A  S  S  Z  Q  N  J  A  G  D
N  A  T  U  R  Z  V  C  P  T  K  F  N  W
F  E  U  E  R  U  E  E  C  E  I  I  B  T
L  A  T  E  R  N  E  B  Q  U  M  H  S  I
E  G  V  S  P  S  D  D  E  E  E  Z  V  E
E  W  J  B  F  L  E  R  F  R  Z  V  J  T
C  V  E  H  Ä  N  G  E  M  A  T  T  E  B
```

ABENTEUER	JAGD
BERG	KARTE
BÄUME	KANU
WALD	KOMPASS
FEUER	LATERNE
KABINE	MOND
TIERE	SEE
HÄNGEMATTE	NATUR
HUT	ZELT
INSEKT	SEIL

12 - Activiteiten

```
G  D  I  K  F  T  S  H  Y  L  G  S  K  C
A  C  H  Q  Ä  P  E  P  A  E  E  I  U  A
R  W  F  O  H  H  L  K  I  S  M  N  N  M
T  N  O  J  I  M  U  D  D  E  Ä  Ä  S  P
E  C  T  R  G  T  V  E  K  N  L  H  T  I
N  C  O  D  K  M  Y  A  O  G  D  E  J  N
A  F  G  V  E  R  G  N  Ü  G  E  N  T  G
R  T  R  K  I  A  K  T  I  V  I  T  Ä  T
B  A  A  E  T  W  A  N  D  E  R  N  C  E
E  N  F  R  I  G  C  M  J  S  L  U  C  E
I  Z  I  A  Y  Z  Q  H  A  N  G  E  L  N
T  E  E  M  L  A  E  T  G  G  R  O  G  Z
R  N  E  I  O  A  M  I  D  X  I  T  W  B
V  W  A  K  N  W  Q  T  T  Z  F  E  Z  K
```

AKTIVITÄT	LESEN
TANZEN	MAGIE
FOTOGRAFIE	NÄHEN
SPIELE	VERGNÜGEN
ANGELN	GEMÄLDE
JAGD	GARTENARBEIT
CAMPING	FÄHIGKEIT
KERAMIK	FREIZEIT
KUNST	WANDERN

13 - Vormen

```
P Y R A M I D E P O V A L R
I Q A Z V P O H V H B K Q U
D R E I E C K N R R P A U N
I M Q M G W P M I M O N A D
H D I A K X X P K N L T D R
F K C H R N I I E U Y E R E
K U R V E M M W G X G N A C
P R I S M A L Z E B O E T H
N L E E U W B I L N N Y L T
M A C I X Ü F B N D E V O E
S M K T S R W O Q I S Z X C
L R E E X F M B O G E N S K
A Q H Y P E R B E L G N M X
B R E I L L Z Y L I N D E R
```

KUGEL	WÜRFEL
BOGEN	LINIE
ZYLINDER	OVAL
KREIS	PYRAMIDE
KURVE	PRISMA
DREIECK	KANTEN
ECKE	RECHTECK
HYPERBEL	RUND
SEITE	POLYGON
KEGEL	QUADRAT

14 - Astronomie

```
U  S  T  R  A  H  L  U  N  G  L  A  O  R
T  N  F  Q  K  E  U  E  U  A  O  S  B  C
T  I  I  A  J  R  M  O  N  D  L  T  S  K
A  E  E  V  T  D  L  U  L  N  B  R  E  O
S  L  L  R  E  E  B  T  C  X  F  O  R  S
T  P  N  E  K  R  A  K  E  T  E  N  V  M
R  S  O  N  S  R  S  O  V  R  A  O  A  O
O  P  D  R  T  K  E  U  K  G  C  M  T  S
N  L  P  L  E  O  O  I  M  E  T  E  O  R
A  A  O  L  R  M  K  P  S  E  X  V  R  Q
U  N  N  U  N  E  B  E  L  W  Z  U  I  B
T  E  B  S  A  T  E  L  L  I  T  G  U  S
T  T  C  P  A  S  T  E  R  O  I  D  M  I
K  O  N  S  T  E  L  L  A  T  I  O  N  Q
```

ERDE	OBSERVATORIUM
ASTEROID	PLANET
ASTRONAUT	RAKETE
ASTRONOM	SATELLIT
TIERKREIS	STERN
KOMET	KONSTELLATION
KOSMOS	STRAHLUNG
MOND	TELESKOP
METEOR	UNIVERSUM
NEBEL	

15 - Emoties

```
Z  R  E  N  T  S  P  A  N  N  T  X  V  I
Ä  T  U  T  A  G  S  U  A  N  G  G  B  J
R  C  E  H  U  Z  U  F  R  I  E  D  E  N
T  L  Z  A  I  U  C  G  R  B  J  R  L  P
L  A  W  U  T  G  W  E  W  I  B  X  A  W
I  H  N  N  W  Q  W  R  O  N  E  A  N  V
C  O  N  G  T  P  N  E  F  H  S  D  G  I
H  S  M  C  S  I  O  G  R  A  C  R  E  S
K  E  N  Y  N  T  F  T  E  L  H  E  W  N
E  D  A  N  K  B  A  R  U  T  Ä  L  E  R
I  D  Z  N  U  B  M  S  D  D  M  I  I  U
T  P  S  K  U  B  K  H  E  E  T  E  L  H
T  R  A  U  R  I  G  K  E  I  T  F  E  E
Z  A  K  X  P  F  L  I  E  B  E  S  C  M
```

ANGST	RELIEF
BESCHÄMT	RUHE
DANKBAR	ZÄRTLICHKEIT
TRAURIGKEIT	ZUFRIEDEN
INHALT	LANGEWEILE
RUHIG	FRIEDEN
LIEBE	FREUDE
ENTSPANNT	WUT
AUFGEREGT	

16 - Vakantie #2

```
D S F U U K S M V D N U O A
X M T D R B E E I Z E L T U
D U A R L S W E S J F X E S
O T X P A S S R U H O T E L
S R I S U N Z M M V L F T Ä
I A B F B W D Z Y M S Z K N
R N R E S T A U R A N T A D
Y S S F R E I Z E I T C R I
W P R E A B V I U K O A T S
Y O E G L D N E V G R M E C
Z R I O P G Y L Z C E P I H
K T S S B R J A K B G I A N
G X E I Z D R U F N J N J L
F L U G H A F E N Y P G R M
```

ZIEL	STRAND
AUSLÄNDISCH	TAXI
INSEL	ZELT
HOTEL	ZUG
KARTE	URLAUB
CAMPING	TRANSPORT
FLUGHAFEN	VISUM
PASS	FREIZEIT
REISE	MEER
RESTAURANT	

17 - Weersomstandigheden

```
T M S L J D F T D F A V E W
F L U T E M P E R A T U R O
B N G O U W H D R P M Y U L
H F B R H R I O A D O C W K
S U N N H N M N Q Ü S L B E
H S X A X D M N D R P F A P
P V E D F L E E Y R H Y M R
G F L O Q H L R C E Ä B O E
R E G E N B O G E N R L N K
D U T T T A J V I E E I S O
E C K L I M A G F B Z T U B
V H E I S Z R W K E P Z N Z
H T R O P I S C H L G B E M
B H U R R I K A N P A N A I
```

ATMOSPHÄRE	FLUT
BLITZ	POLAR
DONNER	REGENBOGEN
DÜRRE	STURM
HIMMEL	TEMPERATUR
EIS	TORNADO
KLIMA	TROPISCH
NEBEL	FEUCHT
MONSUN	WIND
HURRIKAN	WOLKE

18 - Strand

```
H  C  L  U  P  F  K  O  N  B  O  O  T  Y
I  A  T  J  D  R  L  Q  S  U  Z  A  W  W
R  I  N  S  E  L  C  P  A  B  E  A  S  T
J  S  A  D  O  A  F  X  N  O  A  G  A  M
D  O  R  I  T  G  D  U  D  U  N  U  M  A
R  J  N  I  V  U  S  A  N  D  A  L  E  N
S  H  Z  R  Q  N  C  P  B  P  M  Q  H  K
H  O  X  U  C  E  Y  H  V  I  O  W  X  R
O  M  N  S  B  S  D  D  C  R  I  F  F  A
B  S  S  N  A  P  F  O  G  C  R  K  G  B
W  E  Z  P  E  R  E  A  C  H  Q  G  N  B
S  E  G  E  L  B  O  O  T  K  Ü  S  T  E
R  E  G  E  N  S  C  H  I  R  M  E  E  R
J  U  R  L  A  U  B  L  A  U  N  N  U  M
```

BLAU	REGENSCHIRM
BOOT	RIFF
DOCK	SANDALEN
INSEL	URLAUB
HANDTUCH	SAND
KRABBE	MEER
KÜSTE	SEGELBOOT
LAGUNE	SONNE
OZEAN	

19 - Eten #2

```
U  S  R  C  T  O  M  A  T  E  E  Z  S  A
N  B  K  Q  I  Y  A  A  F  C  I  N  D  N
R  H  S  C  H  I  N  K  E  N  F  X  X  A
H  E  B  R  O  T  D  B  A  N  A  N  E  N
B  F  I  S  C  H  E  X  T  B  C  R  H  A
Y  K  Ä  S  E  Y  L  C  S  R  S  U  Q  S
B  R  O  K  K  O  L  I  X  K  A  E  O  Y
J  O  G  H  U  R  T  D  K  F  I  U  A  S
U  D  A  U  B  E  R  G  I  N  E  W  B  E
G  C  U  Q  P  F  I  R  S  I  C  H  I  E
I  W  Z  N  Y  J  U  E  V  I  H  U  F  T
A  P  F  E  L  W  R  N  E  X  P  H  X  C
S  P  A  R  G  E  L  D  V  J  A  N  H  V
P  K  B  I  W  E  I  Z  E  N  E  N  Q  K
```

MANDEL	SCHINKEN
ANANAS	KÄSE
APFEL	HUHN
SPARGEL	KIWI
AUBERGINE	PFIRSICH
BANANE	REIS
BROKKOLI	WEIZEN
BROT	TOMATE
TRAUBE	FISCH
EI	JOGHURT

20 - Klimmen

```
K  S  T  I  E  F  E  L  W  Z  A  F  R  V
M  A  L  W  D  Ü  N  S  M  M  O  D  Z  E
A  S  R  F  F  H  Ö  H  E  P  B  B  Y  R
S  U  S  T  Ä  R  K  E  P  P  I  E  V  L
T  H  S  M  E  E  I  I  R  W  G  X  W  E
A  H  A  B  H  R  H  Ö  H  L  E  P  J  T
B  E  W  N  I  M  Q  H  J  N  L  E  P  Z
I  L  A  E  D  L  K  R  K  V  Ä  R  H  U
L  M  N  U  N  S  D  F  R  M  N  T  Y  N
I  R  D  G  L  C  C  U  P  B  D  E  S  G
T  U  E  I  C  H  N  H  N  Q  E  E  I  W
Ä  U  R  E  G  M  T  N  U  G  U  U  S  J
T  X  N  R  O  A  L  H  E  H  E  Y  C  K
L  C  P  W  B  L  Q  E  H  Y  E  W  H  U
```

EXPERTE
PHYSISCH
FÜHRER
HÖHLE
HANDSCHUHE
HELM
HÖHE
KARTE
STÄRKE

STIEFEL
VERLETZUNG
NEUGIER
AUSBILDUNG
SCHMAL
STABILITÄT
GELÄNDE
WANDERN

21 - Restaurant #1

```
R T T E O E M K A L F B O X
M E K A K S E A L I E R Z K
X L S H S S S F L I Q O H I
D L E E V E S F E H Q T J S
M E K J R N E E R M E N Ü E
A R X F U V R E G S D S E R
W Ü R Z I G I U I N Q X V V
F L E I S C H E E Z S Q X I
D E S S E R T H R S O S S E
U K K P M J M Y D U K G V T
O Ü K A Q V A M L B N Z V T
S C H Ü S S E L A V O G H E
D H U H N K A S S I E R E R
K E L L N E R I N C L A L D
```

ALLERGIE	MESSER
TELLER	WÜRZIG
BROT	RESERVIERUNG
KASSIERER	SOSSE
KÜCHE	KELLNERIN
HUHN	SERVIETTE
KAFFEE	DESSERT
SCHÜSSEL	FLEISCH
MENÜ	ESSEN

22 - Geologie

```
S D T P Y E S N F U A Z Y N
T T N F U R Ä O S O E E E Q
A K E B W D U H R A S K E L
L A R I J B R Ö Q D L S K V
A L O N E E H U X G Z I U
K Z S U O B P L A T E A U L
T I I S U E T E R L Y S A K
I U O O J N L Z Z S S K Q A
T M N C T K K O X G I J L N
S C H I C H T N M O R I F H
H K O N T I N E N T D I U O
H O L A V A K O R A L L E N
G E S C H M O L Z E N J H P
O Q J K R I S T A L L E Z X
```

ERDBEBEN	QUARZ
KALZIUM	SCHICHT
KONTINENT	LAVA
EROSION	PLATEAU
FOSSIL	STALAKTIT
GEYSIR	STEIN
GESCHMOLZEN	VULKAN
HÖHLE	ZONE
KORALLE	SALZ
KRISTALLE	SÄURE

23 - Specerijen

```
I D O T G K A R D A M O M H
C U R R Y E O V A N I L L E
M B Y Y N M S R Y K T Q H P
B U L L L T Ü C I N G W E R
I H S G J N S X H A N I S S
T Y T K X C S L Y M N A J A
T B N P A P R I K A A D E L
E T E T L T D J U Z P C E Z
R F D W E T N E L K E S K R
F E N C H E L U Q I A A I R
W Z I M T F V V S W H F A W
K N O B L A U C H S W R N Y
K R E U Z K Ü M M E L A C P
Z W I E B E L H C V T N R Q
```

ANIS
BITTER
INGWER
ZIMT
KARDAMOM
CURRY
KNOBLAUCH
KREUZKÜMMEL
KORIANDER
NELKE

MUSKATNUSS
PAPRIKA
SAFRAN
GESCHMACK
ZWIEBEL
VANILLE
FENCHEL
SÜSS
SALZ

24 - Groenten

```
I X T B R O K K O L I Y A K
G B O S C H A L O T T E U N
L O M F U A A N K H C O B O
A Q A R T I S C H O C K E B
J W T Y V N N E R B S E R L
I P E T E R S I L I E Q G A
R N O L I V E S A L A T I U
E Z G R Ü B E E S I E J N C
T W U W J L S O B V Y R E H
T I R N E P P I K Ü R B I S
I E K X Y R I B N C D B P E
C B E U X C N L W K G X F Q
H E A Y L S A G Z G Y G A W
E L K A R O T T E R L X D F
```

ARTISCHOCKE	KÜRBIS
AUBERGINE	RÜBE
BROKKOLI	RETTICH
ERBSE	SALAT
INGWER	SELLERIE
KNOBLAUCH	SCHALOTTE
GURKE	SPINAT
OLIVE	TOMATE
PILZ	ZWIEBEL
PETERSILIE	KAROTTE

25 - Dans

```
S  V  I  S  U  E  L  L  K  U  T  F  R  P
A  P  F  V  P  O  T  D  Ö  K  R  U  M  A
U  A  R  P  R  O  B  E  R  D  A  W  U  R
S  A  E  I  X  Z  G  G  P  K  D  J  S  T
D  N  U  Y  N  W  J  A  E  U  I  M  I  N
R  M  D  G  G  G  C  J  R  L  T  U  K  E
U  U  I  L  Z  N  E  M  O  T  I  O  N  R
C  T  G  N  W  R  Z  N  D  U  O  K  I  M
K  L  A  S  S  I  S  C  H  R  N  U  K  G
S  R  H  Y  T  H  M  U  S  E  E  L  U  S
V  B  E  W  E  G  U  N  G  L  L  T  N  L
O  A  K  A  D  E  M  I  E  L  L  U  S  O
L  H  A  L  T  U  N  G  I  E  H  R  T  C
L  C  H  O  R  E  O  G  R  A  P  H  I  E
```

AKADEMIE	KLASSISCH
BEWEGUNG	KUNST
FREUDIG	KÖRPER
CHOREOGRAPHIE	MUSIK
KULTURELL	PARTNER
KULTUR	PROBE
EMOTION	RHYTHMUS
AUSDRUCKSVOLL	SPRINGEN
ANMUT	TRADITIONELL
HALTUNG	VISUELL

26 - Sport

```
M  F  S  A  X  B  B  G  O  L  F  D  T  T
W  A  G  T  N  K  J  A  I  D  J  G  E  R
R  R  N  E  A  E  K  S  S  U  F  Y  N  A
J  G  H  N  R  D  V  Y  T  E  Y  M  N  I
R  B  G  S  S  P  I  E  L  O  B  N  I  N
B  D  C  Q  E  C  Z  O  V  F  E  A  S  E
E  S  F  K  F  Y  H  F  N  D  I  S  L  R
W  P  T  N  S  N  R  A  F  S  S  I  J  L
E  I  J  K  H  M  P  H  F  A  H  U  O  B
G  E  W  I  N  N  E  R  M  T  O  M  G  U
U  L  K  W  T  N  W  R  P  H  C  E  A  S
N  E  E  D  A  W  O  A  W  L  K  B  K  U
G  R  R  U  Q  X  W  D  B  E  E  H  H  L
G  Y  M  N  A  S  T  I  K  T  Y  D  I  X
```

ATHLET	SPIEL
BEWEGUNG	SPIELER
FAHRRAD	STADION
GOLF	MANNSCHAFT
GYMNASIUM	TENNIS
GYMNASTIK	TRAINER
EISHOCKEY	GEWINNER
BASEBALL	

27 - Mythologie

```
X  N  L  A  T  W  A  R  C  H  E  T  Y  P
D  O  N  N  E  R  A  C  H  E  E  M  K  S
W  K  K  V  B  L  I  T  Z  L  V  O  R  T
E  R  F  E  B  K  E  R  B  D  E  N  E  E
C  E  R  R  W  U  R  G  X  I  L  S  A  R
Q  A  M  H  Z  L  S  R  E  N  A  T  T  B
K  T  T  A  E  T  W  J  B  N  J  E  I  L
R  U  Z  L  O  U  G  X  H  V  D  R  O  I
I  R  I  T  J  R  H  E  L  D  F  E  N  C
E  I  F  E  R  S  U  C  H  T  N  E  E  H
G  Q  A  N  L  P  T  S  T  Ä  R  K  E  G
E  U  Z  W  L  A  B  Y  R  I  N  T  H  G
R  K  A  T  A  S  T  R  O  P  H  E  G  N
H  I  M  M  E  L  M  A  G  I  S  C  H  S
```

ARCHETYP	EIFERSUCHT
BLITZ	STÄRKE
KREATION	KRIEGER
KULTUR	LEGENDE
DONNER	MAGISCH
LABYRINTH	MONSTER
VERHALTEN	KATASTROPHE
HELD	STERBLICH
HELDIN	KREATUR
HIMMEL	RACHE

28 - Vakantie #1

```
A  E  A  E  R  T  G  Z  M  P  Z  D  V  S
U  X  B  N  T  Z  O  L  L  U  Y  M  M  T
T  P  R  T  Q  S  L  U  G  J  H  I  U  R
O  E  E  S  R  Z  D  W  R  Z  I  I  S  A
F  D  I  P  B  H  G  Ä  K  I  D  Z  E  S
A  I  S  A  U  H  X  H  Y  B  S  B  U  S
H  T  E  N  E  S  R  R  W  A  E  T  M  E
R  I  P  N  K  F  L  U  G  Z  E  U  G  N
K  O  F  U  B  O  C  N  C  C  K  N  E  B
A  N  T  N  C  E  F  G  O  K  X  Z  W  A
R  Y  M  G  T  R  D  F  G  I  S  G  V  H
T  R  O  U  T  E  G  U  E  K  D  A  W  N
E  L  Z  A  Z  E  I  J  U  R  Y  Y  C  W
R  E  G  E  N  S  C  H  I  R  M  G  X  K
```

AUTO	REGENSCHIRM
ZOLL	ROUTE
EXPEDITION	RUCKSACK
FAHRKARTE	TOURIST
KOFFER	STRASSENBAHN
SEE	WÄHRUNG
MUSEUM	ABREISE
ENTSPANNUNG	FLUGZEUG

29 - Eten #1

```
S  A  L  Z  Z  G  E  R  S  T  E  P  S  T
A  V  L  H  W  K  N  O  B  L  A  U  C  H
F  B  S  P  I  N  A  T  S  U  P  P  E  W
T  A  K  K  E  E  R  D  B  E  E  R  E  U
B  S  Z  T  B  R  P  I  A  I  N  A  V  K
A  I  L  H  E  X  D  M  K  I  F  O  U  A
P  L  R  U  L  E  A  N  G  J  J  S  N  R
R  I  U  N  P  X  S  Z  U  C  K  E  R  O
I  K  M  F  E  Z  I  M  T  S  A  L  A  T
K  U  T  I  O  K  J  B  G  P  S  U  Z  T
O  M  P  S  L  A  E  Q  D  R  D  H  Y  E
S  C  R  C  C  H  F  L  E  I  S  C  H
E  Q  M  H  D  H  H  C  W  W  Y  O  W  M
Z  I  T  R  O  N  E  D  Y  S  O  T  E  D
```

ERDBEERE	SALAT
APRIKOSE	SAFT
BASILIKUM	SUPPE
ZITRONE	SPINAT
GERSTE	ZUCKER
ZIMT	THUNFISCH
KNOBLAUCH	ZWIEBEL
MILCH	FLEISCH
BIRNE	KAROTTE
ERDNUSS	SALZ

30 - Avontuur

```
Z E V O R B E R E I T U N G
I D B O A U S F L U G J A H
E G E F Ä H R L I C H K V Z
L S C H W I E R I G K E I T
B E G E I S T E R U N G G C
T A P F E R K E I T S D A H
S I C H E R H E I T C J T A
F R E U N D E K E Y H U I N
I F R E U D E H F L Ö P O C
Ü B E R R A S C H E N D N E
H U I D D O G C Y V H D Y S
T L S I I O U G V J E V K S
S Q E I Z A K T I V I T Ä T
R B N A T U R I E X T N E U
```

AKTIVITÄT
ZIEL
BEGEISTERUNG
AUSFLUG
GEFÄHRLICH
CHANCE
TAPFERKEIT
SCHWIERIGKEIT
NATUR
NAVIGATION

NEU
ROUTE
REISEN
SCHÖNHEIT
SICHERHEIT
ÜBERRASCHEND
VORBEREITUNG
FREUDE
FREUNDE

31 - Circus

```
E U J W J C O D S B B X S W
L K X U O Q L G E J A H S U
E W J S N P S O O Z L D S E
F Q V N G C D C W T L L F V
A F M H L D M S T N O Z S I
N X A Z E L T O W T N N O Z
T I G H U B P C M U S I K A
R F I C R C A F F E K P O U
C W E F L K R G P V N T S B
P S P E K T A K U L Ä R T E
T I E R E B D R E Ö Y I Ü R
T I G E R A E L T W A C M E
V A K R O B A T C E X K P R
Z U S C H A U E R B I H F F
```

AFFE
AKROBAT
BALLONS
CLOWN
TIERE
ZAUBERER
JONGLEUR
FAHRKARTE
KOSTÜM
LÖWE

MAGIE
MUSIK
ELEFANT
PARADE
SPEKTAKULÄR
ZELT
TIGER
ZUSCHAUER
TRICK

32 - Restaurant #2

```
O  Z  J  E  P  U  Y  E  P  Y  R  K  B  W
K  E  L  L  N  E  R  F  J  K  L  F  G  A
A  N  P  V  I  I  G  E  W  Ü  R  Z  E  S
B  U  T  G  L  S  P  K  W  N  S  T  M  S
E  D  W  A  S  S  F  R  U  C  H  T  Ü  E
N  E  M  B  J  A  F  M  M  C  P  J  S  R
D  L  I  E  F  L  L  E  I  O  H  V  E  G
E  N  L  L  K  I  Y  A  F  S  V  E  L  E
S  T  U  H  L  U  S  F  T  A  F  I  N  T
S  U  P  P  E  T  G  C  Y  L  Z  E  J  R
E  K  Ö  S  T  L  I  C  H  Z  L  R  H  Ä
N  Q  Q  M  I  T  T  A  G  E  S  S  E  N
J  D  H  D  H  L  Ö  F  F  E  L  V  O  K
U  O  M  Z  P  F  A  S  Y  A  C  J  R  R
```

KUCHEN
ABENDESSEN
GETRÄNK
EIER
FRUCHT
GEMÜSE
KÖSTLICH
EIS
LÖFFEL
MITTAGESSEN

NUDELN
KELLNER
SALAT
SUPPE
GEWÜRZE
STUHL
FISCH
GABEL
WASSER
SALZ

33 - Bijen

```
J  H  L  Ö  R  J  A  G  G  I  O  W  K  I
B  I  E  E  K  A  M  M  F  R  U  C  H  T
E  P  I  Y  B  O  U  S  X  C  H  G  H  E
S  O  N  N  E  E  S  C  K  G  O  A  W  B
T  L  S  S  K  S  N  Y  H  D  N  R  A  I
Ä  L  E  C  Ö  S  V  S  S  K  I  T  C  E
U  E  K  H  N  E  C  Z  R  T  G  E  H  N
B  N  T  W  I  N  U  Q  P  A  E  N  S  E
E  L  F  A  G  Q  S  X  B  L  U  M  E  N
R  J  L  R  I  F  L  Ü  G  E  L  M  B  K
V  R  S  M  N  M  U  B  O  T  S  W  L  O
V  O  R  T  E  I  L  H  A  F  T  A  Ü  R
D  G  E  V  I  E  L  F  A  L  T  M  T  B
N  P  B  N  I  J  N  I  D  Y  B  B  E  U
```

BESTÄUBER	KÖNIGIN
BIENENKORB	RAUCH
BLUMEN	POLLEN
BLÜTE	GARTEN
VIELFALT	FLÜGEL
ÖKOSYSTEM	ESSEN
FRUCHT	VORTEILHAFT
LEBENSRAUM	WACHS
HONIG	SONNE
INSEKT	SCHWARM

34 - School #1

```
S J H W P O U Q Y W B O S I
C H O R D N E R L D L S T R
H Q M V Q H G W R P E P I S
R Z S D S B P L R R I B F M
E A L P H A B E T Ü S V T I
I H A A A D E H J F T L E T
B L N P J S U R R U I E H T
T E T I L Y S E T N F R S A
I N W E F Q B R D G T N B G
S F O R S T U H L E S E Ü E
C T R J G M L I I N R N C S
H Y T M A F F N Z V R A H S
G O E F M J H Z B R Z D E E
M T N F R E U N D E U R R N
```

ALPHABET	ORDNER
ANTWORTEN	PAPIER
BÜCHER	STIFTE
SCHREIBTISCH	SPASS
ZAHLEN	BLEISTIFT
PRÜFUNGEN	QUIZ
LEHRER	STUHL
LERNEN	FREUNDE
MITTAGESSEN	

35 - Wandelen

```
N W E T T E R E W S V C H V
A I C M B J I K J O M P B O
T L S T I E F E L N M Ü Y R
U D M I K A R T E N N K D B
R K V E L V C G U E W L G E
T P N R I D Y E S G A I E R
A T J E P U N Y Y L S M F E
Y C A M P I N G F Y S A A I
S S Y J E P A R K S E J H T
U W T I D U B H I H R S R U
O R I E N T I E R U N G E N
J H X X I Q M B C W A D N G
E V X A N N G I P F E L B T
N C S C H W E R L H M E D Y
```

BERG   ORIENTIERUNG
TIERE   PARKS
GEFAHREN   STEINE
KARTE   GIPFEL
CAMPING   VORBEREITUNG
KLIPPE   WASSER
KLIMA   WETTER
STIEFEL   WILD
MÜDE   SONNE
NATUR   SCHWER

36 - Ecologie

```
F  K  N  N  L  E  B  E  N  S  R  A  U  M
A  T  L  A  A  Ü  B  E  R  L  E  B  E  N
U  F  N  I  T  C  C  N  H  R  A  E  P  G
N  M  Q  N  M  U  H  X  H  V  N  R  S  E
A  T  M  D  K  A  R  H  B  P  D  G  Q  M
Y  J  W  Ü  D  V  Y  F  A  F  G  E  N  E
F  L  O  R  A  I  Q  S  R  L  M  I  Y  I
I  S  M  R  V  E  G  E  T  A  T  I  O  N
K  U  A  E  A  L  R  E  G  N  Z  I  N  S
P  M  R  M  Z  F  W  F  Z  Z  F  P  G  C
U  P  I  R  R  A  G  X  Z  E  Z  U  Q  H
O  F  N  V  X  L  X  Q  D  N  H  O  C  A
V  L  E  K  B  T  G  L  O  B  A  L  U  F
N  A  T  Ü  R  L  I  C  H  E  P  H  S  T
```

BERGE	KLIMA
VIELFALT	MARINE
DÜRRE	SUMPF
NACHHALTIG	NATUR
FAUNA	NATÜRLICH
FLORA	ÜBERLEBEN
GEMEINSCHAFT	PFLANZEN
GLOBAL	ART
LEBENSRAUM	VEGETATION

37 - Installaties

```
D  K  K  Z  T  C  B  B  A  U  M  B  W  B
Ü  C  R  A  I  D  L  A  A  P  O  O  A  U
N  N  L  A  G  N  A  S  M  B  O  H  L  S
G  L  E  A  U  G  T  W  W  B  S  N  D  C
E  F  E  U  U  T  T  G  I  O  U  E  W  H
R  L  H  X  T  B  K  A  K  T  U  S  U  C
D  O  B  L  U  M  E  R  B  A  B  O  R  K
K  R  D  N  Y  A  W  T  T  N  T  G  Z  R
N  A  I  J  L  Q  Y  E  U  I  B  Z  E  L
D  Q  U  V  P  T  Z  N  O  K  E  Q  L  A
V  E  G  E  T  A  T  I  O  N  E  R  M  G
V  Y  R  M  S  A  Z  S  A  E  R  G  A  P
E  Q  A  J  G  I  M  T  Z  M  E  J  T  R
O  K  S  F  U  M  T  K  F  C  Q  Q  X  N
```

BAMBUS	GRAS
BEERE	EFEU
BLATT	KRAUT
BLUME	DÜNGER
BAUM	MOOS
BOHNE	BOTANIK
WALD	BUSCH
KAKTUS	GARTEN
FLORA	VEGETATION
LAUB	WURZEL

38 - School #2

```
X K W O H B Ü C H E R F B G
Z C I L I T E R A T U R L R
B U S A C O M P U T E R E A
B G S Q K S E N D Q T B I M
I L E T S A E F J L S W S M
B O N S C B D L S B A A T A
L U S C H U H E V T X R I T
I K C F E T M H M W I N F I
O P H F R N H R Z I V F T K
T K A L E N D E R D S I T X
H N F P F L Z R F Q Q C N E
E Z T B I V M S Z G Q K H M
K M A T H E M A T I K Z M X
M H P G I Q R B I L D U N G
```

AKADEMISCH	BILDUNG
BIBLIOTHEK	PAPIER
BÜCHER	STIFTE
BUS	BLEISTIFT
COMPUTER	SCHERE
GRAMMATIK	SCHUHE
KALENDER	WISSENSCHAFT
LEHRER	MATHEMATIK
LITERATUR	

39 - Oceaan

```
S C H I L D K R Ö T E B T U
D C M B H L C T Y V G O H E
A E H R I F F H A I M O U N
L Q L W A L Z V U X G T N K
G Q S F A A L R S Q A M F V
E V Q Y I M H E T U R F I Q
N Q O G F N M U E A N I S X
K R A B B E P X R L E S C H
U W H U S Q C Y G L L C H J
G E Z E I T E N K E E H I R
S T U R M C Y D R S A Z N K
U H U O S Y C J A T A Z W T
I M C E M Y F S K C Y L A L
K O R A L L E J E N R W Z U
```

AAL   KRAKE
ALGEN   AUSTER
BOOT   RIFF
DELFIN   SCHILDKRÖTE
GARNELE   SCHWAMM
GEZEITEN   STURM
HAI   THUNFISCH
KORALLE   FISCH
KRABBE   WAL
QUALLE   SALZ

40 - Landen #2

```
H L A O S D N Q G T K S S I
I M L N W J Ä Z R Z J Y O N
S E I T E A U N I Y O R M D
N X B E G P R M E M Q I A O
F I E J T A A A C M H E L N
U K R A I N E L H L A N I E
G O I Z M C Q A E I K R A S
A Y A J H M V Y N B E U K I
N I R L A N D S L A N S R E
D H N I G E R I A N I S H N
A R H N K N C A N O A L F N
W M W X B I V R D N O A Y B
R F R A N K R E I C H N X E
Ä T H I O P I E N S X D L E
```

DÄNEMARK	LIBERIA
ÄTHIOPIEN	MALAYSIA
FRANKREICH	MEXIKO
GRIECHENLAND	NEPAL
IRLAND	NIGERIA
INDONESIEN	UGANDA
JAPAN	UKRAINE
KENIA	RUSSLAND
LAOS	SOMALIA
LIBANON	SYRIEN

41 - Bloemen

```
H I B I S K U S H K J X P P
P T M M A G N O L I E P A F
K D X E Q Ä G R G B S S S I
B L Ü T E N B L A T T L S N
J Ö E N Z S M S F H R A I G
A W G E T E Q O Y C A V O S
S E A F I B R D H B U E N T
M N R P I L B O P N S N S R
I Z D I O Ü D G S J S D B O
N A E U I M Q F W E Z E L S
R H N O R C H I D E E L U E
P N I V T H L I L A G F M V
J U E T Q E Q L I L I E E F
T U L P E N P L U M E R I A
```

BLÜTENBLATT	MAGNOLIE
STRAUSS	ORCHIDEE
GARDENIE	LÖWENZAHN
HIBISKUS	MOHN
JASMIN	PASSIONSBLUME
KLEE	PFINGSTROSE
LAVENDEL	PLUMERIA
LILIE	ROSE
LILA	TULPE
GÄNSEBLÜMCHEN	

42 - Huisdieren

```
E Q M H U N D F J S D U H O
I L W A W E L P E C A M X P
D T X M U R W Y O H H F A F
E S C S B S V S W I D A J O
C K Ä T Z C H E N L O B S T
H J Q E S S E N F D P R S E
S D G R E E I R I K U H T N
E P A P A G E I S R A V H M
K R A L L E N K C Ö Z T K A
W A S S E R D R H T I X Z K
S C H W A N Z A Z E E M Q E
E S W K S K J G Y H G A Y V
P U U M B Z O E T D E L L A
T Y U D A Y R N Z U Q F F F
```

ZIEGE	MAUS
EIDECHSE	PAPAGEI
HAMSTER	PFOTEN
HUND	WELPE
KATZE	SCHILDKRÖTE
KÄTZCHEN	SCHWANZ
KRALLEN	FISCH
KUH	ESSEN
HASE	WASSER
KRAGEN	

43 - Landschappen

```
T  I  M  Y  G  M  E  E  R  G  M  F  I  Z
A  H  Ö  H  L  E  I  W  T  R  S  O  R  W
L  B  W  M  E  I  S  B  E  R  G  A  Q  N
M  Q  S  X  T  F  F  T  G  V  M  S  T  L
T  G  E  Y  S  I  R  N  R  W  B  E  R  G
J  U  E  S  C  A  S  Z  D  A  L  U  O  J
Y  D  N  X  H  O  O  M  I  C  N  E  H  S
D  T  D  D  E  Z  S  U  M  P  F  D  Ü  I
V  N  K  R  R  E  F  F  H  F  N  U  G  E
I  N  S  E  L  A  V  U  L  K  A  N  E  G
W  Ü  S  T  E  N  H  A  E  U  T  G  L  K
W  A  S  S  E  R  F  A  L  L  S  H  Z  B
Z  K  C  Y  G  H  A  L  B  I  N  S  E  L
T  K  A  H  Y  U  S  I  R  F  P  G  C  H
```

BERG	OZEAN
INSEL	FLUSS
GEYSIR	HALBINSEL
GLETSCHER	STRAND
HÖHLE	TUNDRA
HÜGEL	TAL
EISBERG	VULKAN
SEE	WASSERFALL
SUMPF	WÜSTE
OASE	MEER

44 - Tuin

```
L  S  R  X  Z  I  U  B  L  U  M  E  V  K
U  C  X  A  E  Z  M  T  O  Z  A  U  N  L
H  H  E  F  S  F  N  E  K  D  N  L  W  G
J  L  D  T  B  E  P  R  E  L  E  M  E  M
B  A  N  K  Y  B  N  R  D  O  H  N  G  K
Y  U  E  N  L  A  U  A  A  A  Ä  W  A  I
X  C  T  U  E  U  X  S  Q  H  N  B  R  H
X  H  J  L  U  M  Z  S  C  O  G  R  A  S
T  E  I  C  H  Z  R  E  C  H  E  N  G  W
T  R  A  M  P  O  L  I  N  I  M  G  E  C
U  N  K  R  A  U  T  V  E  R  A  N  D  A
Q  A  U  O  B  S  T  G  A  R  T  E  N  Y
G  A  R  T  E  N  X  J  X  F  T  D  W  L
S  C  H  A  U  F  E  L  D  S  E  H  J  Q
```

BANK	ZAUN
BLUME	UNKRAUT
BODEN	SCHAUFEL
BAUM	SCHLAUCH
OBSTGARTEN	BUSCH
GARAGE	TERRASSE
RASEN	TRAMPOLIN
GRAS	GARTEN
HÄNGEMATTE	VERANDA
RECHEN	TEICH

45 - Katten

```
V F V Z K S M B M O K Y U N
X W E F R C D A F V K U N E
B G R L A H L Z U D R V A U
H I S T L L W G S S T S B G
Q E P N L A K O M I S C H I
A W I Y E F J S D A C H Ä E
D I E U N E D H K W H W N R
V L L N M N A H H G Ü A G I
U D T I I P F O T E C N I G
G E Q J Ä G E R D S H Z G A
V B H V E R R Ü C K T N B R
W Z Z F C M Y K N F E J G N
B O S Z Y O G Y Z S R F V S
O J X K F X X S C H N E L L
```

FELL
GARN
VERRÜCKT
KOMISCH
JÄGER
KRALLE
WENIG
MAUS
NEUGIERIG

UNABHÄNGIG
PFOTE
SCHLAFEN
SCHNELL
VERSPIELT
SCHWANZ
SCHÜCHTERN
WILD

46 - Beroepen #2

```
R G Z X G S F Q D R M F D A
B Ä A S T R O N A U T O E O
J R H G U O T J B K A R T F
P T N H B I O L O G E S E L
P N A O G Q G G Y Q K C K B
Q E R V K V R A S M Z H T B
C R Z P N J A W E B N E I A
P H T D M X F N L V Z R V U
M I I L L U S T R A T O R E
P A L R P H I L O S O P H R
B R L O U I N G E N I E U R
N Z T E T R L I N G U I S T
T T S D R T G L E H R E R P
B I B L I O T H E K A R K W
```

ARZT   ILLUSTRATOR
ASTRONAUT   INGENIEUR
BIBLIOTHEKAR   LEHRER
BIOLOGE   LINGUIST
BAUER   FORSCHER
CHIRURG   PILOT
DETEKTIV   MALER
PHILOSOPH   ZAHNARZT
FOTOGRAF   GÄRTNER

47 - Dagen en Maanden

```
M  I  T  T  W  O  C  H  S  O  J  F  O  W
W  O  C  H  E  Z  U  B  S  P  N  U  U  O
M  A  N  A  U  G  U  S  T  F  M  S  N  N
J  Q  K  A  W  D  F  E  B  R  U  A  R  I
G  U  A  P  T  O  P  P  M  E  S  M  O  N
I  R  L  D  I  N  G  T  Ä  I  O  S  K  O
M  K  Z  I  T  N  Q  E  R  T  N  T  T  V
O  G  G  E  C  E  A  M  Z  A  N  A  O  E
N  F  D  N  H  R  J  B  W  G  T  G  B  M
T  F  U  S  D  S  A  E  U  M  A  R  E  B
A  H  H  T  E  T  H  R  M  A  G  H  R  E
G  B  C  A  D  A  R  J  A  N  U  A  R  R
S  M  L  G  Z  G  K  A  L  E  N  D  E  R
P  P  M  D  C  C  G  C  I  K  Q  Z  S  P
```

AUGUST	MONTAG
DIENSTAG	MÄRZ
DONNERSTAG	NOVEMBER
FEBRUAR	OKTOBER
JAHR	SEPTEMBER
JANUAR	FREITAG
JULI	WOCHE
JUNI	MITTWOCH
KALENDER	SAMSTAG
MONAT	SONNTAG

48 - Beeldende Kunsten

```
J  S  K  U  L  P  T  U  R  A  C  M  M  K
J  A  R  W  A  F  O  T  O  R  L  L  E  R
R  D  E  A  C  T  N  D  U  C  P  U  I  E
F  Y  I  C  K  M  S  I  W  H  O  S  S  A
K  G  D  H  O  Y  D  Q  U  I  R  T  T  T
K  E  E  S  G  O  L  N  U  T  T  I  E  I
J  T  R  E  S  F  W  P  C  E  R  F  R  V
S  C  H  A  B  L  O  N  E  K  Ä  T  W  I
J  B  G  E  M  Ä  L  D  E  T  T  H  E  T
Y  X  X  M  K  I  F  K  Q  U  L  L  R  Ä
B  Q  M  S  X  O  K  I  P  R  C  Y  K  T
K  Ü  N  S  T  L  E  R  L  V  A  Y  Z  R
S  T  A  F  F  E  L  E  I  M  X  R  V  C
H  O  L  Z  K  O  H  L  E  K  R  G  Y  Y
```

ARCHITEKTUR	TON
KÜNSTLER	KREIDE
SKULPTUR	MEISTERWERK
KREATIVITÄT	STIFT
STAFFELEI	PORTRÄT
FILM	GEMÄLDE
FOTO	SCHABLONE
HOLZKOHLE	LACK
KERAMIK	WACHS

49 - Menselijk Lichaam

```
P  S  Y  Y  E  F  R  G  I  G  D  C  K  N
J  C  O  I  L  T  S  B  C  K  O  P  F  N
X  H  N  K  L  H  J  C  G  N  Z  R  I  Q
G  U  N  R  B  M  K  G  G  I  S  X  S  J
M  L  K  J  O  H  R  I  E  E  D  T  G  J
I  T  N  M  G  A  F  S  N  B  L  U  T  N
B  E  Ö  A  E  N  I  G  N  N  U  Y  J  A
K  R  C  G  N  D  N  E  Y  F  M  K  P  S
A  I  H  E  R  Z  G  H  Z  U  N  G  E  E
D  X  E  N  U  C  E  I  H  A  L  S  H  Q
N  M  L  F  B  D  R  R  H  A  X  U  O  S
R  U  Y  B  E  I  N  N  A  D  J  L  P  F
N  H  B  G  H  R  N  R  U  T  L  U  S  T
M  U  N  D  G  M  M  A  T  T  A  L  G  X
```

BEIN	KINN
BLUT	KNIE
ELLBOGEN	MAGEN
KNÖCHEL	MUND
HAND	HALS
HERZ	NASE
GEHIRN	OHR
KOPF	SCHULTER
HAUT	ZUNGE
KIEFER	FINGER

50 - Familie

```
V V Ä T E R L I C H K O A G
N O A E I O O K W M C B V R
E I R Y S R N K H Y V B U O
H V C F V I K I N D J N K S
E O K H A K E N E F F E P S
F X C P T H L D T A N T E V
R R O Y E E R E O V X B H A
A B D I R A M R C F G R E T
U G H Q I B I U H H X U M E
W C S C H W E S T E R D A R
Z W I L L I N G E T C E N X
E N K E L G C D R Z E R N S
E A E K I N D H E I T R G A
G R O S S M U T T E R R H Z
```

BRUDER   NICHTE
TOCHTER   ONKEL
GROSSMUTTER   GROSSVATER
KINDHEIT   TANTE
KIND   ZWILLINGE
KINDER   VATER
ENKEL   VÄTERLICH
EHEMANN   VORFAHR
MUTTER   EHEFRAU
NEFFE   SCHWESTER

51 - Gebouwen

```
M W P Q Z A W H K O K S U O
H S A I B E D Z F K A T N B
O C F S C H L O S S B A I S
T H E A T E R T L N I D V E
E U Q V B Z U T A U N I E R
L L K N O R K M B K E O R V
A E P I E J I A O T I N S A
H I I X N P Q K R K Q O I T
A L S A B O T S C H A F T O
T Y R L Y S C H E U N E Ä R
U J U B A P A R T M E N T I
R S U P E R M A R K T V V U
M U S E U M Q R Q O U A C M
L N B B A U E R N H O F U M
```

BOTSCHAFT	OBSERVATORIUM
APARTMENT	SCHULE
KINO	SCHEUNE
BAUERNHOF	STADION
KABINE	SUPERMARKT
FABRIK	ZELT
HOTEL	THEATER
SCHLOSS	TURM
LABOR	UNIVERSITÄT
MUSEUM	

52 - Kunst

```
S P E R S Ö N L I C H T I B
S U O E H R L I C H T G N J
T S R R Q X G M J E Y S S R
I K S R T W E V T F Q V P V
M U C O E R M H P O E S I E
M L H R L A Ä E V D Z R R S
U P A I P U L T I W G I I Y
N T F G L S D I I N K K E M
G U F I Z D E B S E F O R B
T R E N T R D Y Y M R A T O
Z E N A D U Q F O W U E C L
A F N L I C T Z N L U S N H
Z Q N H I K K O M P L E X F
K E R A M I K V I S U E L L
```

SKULPTUR	PERSÖNLICH
KOMPLEX	POESIE
SCHAFFEN	PORTRÄTIEREN
EINFACH	GEMÄLDE
EHRLICH	SURREALISMUS
INSPIRIERT	SYMBOL
STIMMUNG	AUSDRUCK
KERAMIK	VISUELL
ORIGINAL	

53 - Beroepen #1

```
V  W  Z  T  C  N  S  K  U  F  P  I  U  A
K  N  P  Ä  E  X  B  A  N  K  I  E  R  T
U  P  L  N  M  Z  U  R  A  K  A  M  A  H
K  W  O  Z  X  Y  M  T  P  Q  N  U  S  L
A  L  I  E  D  I  T  O  R  A  I  S  T  E
P  R  E  R  I  J  Ä  G  E  R  S  I  R  T
O  U  Z  M  D  X  Y  R  E  M  T  K  O  T
T  C  A  T  P  S  O  A  Z  O  C  E  N  D
H  L  G  L  T  N  L  P  S  G  L  R  O  F
E  J  V  D  H  D  E  H  Z  D  N  O  M  U
K  V  E  A  T  I  E  R  A  R  Z  T  G  C
E  R  E  C  H  T  S  A  N  W  A  L  T  E
R  M  E  C  H  A  N  I  K  E  R  D  D  A
B  O  T  S  C  H  A  F  T  E  R  H  K  R
```

RECHTSANWALT	ARZT
BOTSCHAFTER	EDITOR
APOTHEKER	GEOLOGE
ASTRONOM	JÄGER
ATHLET	KLEMPNER
BANKIER	MECHANIKER
KARTOGRAPH	MUSIKER
TÄNZER	PIANIST
TIERARZT	

54 - Kastelen

```
G  M  F  M  R  E  I  C  H  K  K  P  S  B
J  Y  Q  E  D  E  L  F  D  E  A  F  C  O
I  X  T  D  U  R  G  R  R  R  T  E  H  P
E  W  D  Y  O  D  W  G  K  K  A  R  W  N
H  J  S  N  Q  D  A  Y  G  E  P  D  E  L
P  A  L  A  S  T  N  L  R  R  U  O  R  R
C  R  Q  S  M  C  D  V  I  I  L  R  T  C
C  B  B  T  M  H  H  R  Ü  S  T  U  N  G
K  Ö  N  I  G  R  E  I  C  H  X  T  B  P
G  C  D  E  Q  J  X  V  L  E  T  V  E  K
P  R  I  N  Z  T  N  X  A  D  U  L  B  R
P  R  I  N  Z  E  S  S  I  N  R  G  U  O
A  I  Q  O  K  P  S  C  N  I  M  P  L  N
E  I  N  H  O  R  N  Z  D  R  A  C  H  E
```

DRACHE	WAND
DYNASTIE	PFERD
EDEL	PALAST
EINHORN	PRINZ
FEUDAL	PRINZESSIN
RÜSTUNG	RITTER
KATAPULT	REICH
KERKER	SCHILD
KÖNIGREICH	TURM
KRONE	SCHWERT

55 - Insecten

```
B V L X T J M R U B Z R E H
L K H J M M U A M E I S E P
A A Ä I V U M M Ü C K E U G
T K P F T S O Y G E A A N R
T E W F E K T D V I D M W E
L R P Z R R T L H Y E W K K
A L H E M O E K H S A U V M
U A O L I B E L L E K R U J
S K R B T P M V R B R M I D
W E N U E S Q S T Q J Q D S
X E I H E U S C H R E C K E
H P S F L O H M C Z P B G E
L U S P A T G N Q O I Y W C
B N E E E L A R V E B L Z L
```

BIENE
BLATTLAUS
ZIKADE
HORNISSE
KAKERLAKE
KÄFER
LARVE
LIBELLE

AMEISE
MOTTE
MÜCKE
HEUSCHRECKE
TERMITE
FLOH
WESPE
WURM

56 - Antarctica

```
W O L K E N L G H T G C J E
B B K A R T L K K O H J X G
P Q D R H D M V O P G H K H
M I G R A T I O N O I A M H
W W N Q L E W H T G N L J M
F A P G T S O F I R S B Y I
E S S L U P J C N A E I S N
L S U E N I G F E P L N V E
S E G T G D N B N H N S V R
I R Y S S L B E T I R E E A
G G Q C U H Q U V E H L J L
G N F H F O R S C H E R M I
G V G E O G R A P H I E G E
O A T R U M W E L T T C F N
```

BUCHT
ERHALTUNG
KONTINENT
INSELN
GEOGRAPHIE
GLETSCHER
EIS
MIGRATION
MINERALIEN

UMWELT
FORSCHER
PINGUINE
FELSIG
HALBINSEL
ART
TOPOGRAPHIE
WASSER
WOLKEN

57 - Ballet

```
K Y Z T E C H N I K G Q A E
B A L L E R I N A O B C N D
F Ä H I G K E I T M U P M T
D J O A N O N C Y P K A U O
E X K P P R O B E O Y I T G
O F G E T P G W B N R P I E
F R R N Ä M L T L I H U G S
M I C V N L P A P S Y B S T
M U K H Z A S I U T T L P E
U T S M E H K A Z S H I R Q
S E T K R S X I F T M K A F
I M I F E W T Q A S U U X J
K C L T T L Z E Y F S M I Q
I U E M X R W M R C H H S W
```

APPLAUS
BALLERINA
KOMPONIST
TÄNZER
GESTE
MUSIK
ORCHESTER
PRAXIS

PUBLIKUM
PROBE
RHYTHMUS
ANMUTIG
MUSKEL
STIL
TECHNIK
FÄHIGKEIT

58 - Vissen

```
Ü  B  E  R  T  R  E  I  B  U  N  G  R  U
M  G  E  W  I  C  H  T  K  Ö  D  E  R  B
P  X  G  O  Z  E  A  N  K  H  A  D  K  O
X  W  J  E  K  O  R  B  L  J  S  X  O  O
P  V  T  I  D  A  U  G  K  A  T  M  C  T
F  L  U  S  S  U  N  T  I  H  R  V  H  Q
F  P  W  E  F  S  L  U  E  R  A  S  E  M
D  R  A  H  T  R  F  D  F  E  N  K  N  W
E  J  S  W  P  Ü  L  P  E  S  D  I  E  R
L  K  S  R  O  S  O  R  R  Z  O  E  V  N
J  V  E  G  T  T  S  E  E  E  L  M  G  Y
R  D  R  I  R  U  S  K  P  I  A  E  B  M
I  T  M  O  T  N  E  T  K  T  L  N  X  B
S  K  N  W  B  G  N  S  S  J  K  T  K  B
```

KÖDER	KORB
AUSRÜSTUNG	SEE
BOOT	OZEAN
DRAHT	ÜBERTREIBUNG
GEDULD	FLUSS
GEWICHT	JAHRESZEIT
HAKEN	STRAND
KIEFER	FLOSSEN
KIEMEN	WASSER
KOCHEN	

59 - Fruit

```
T  I  F  M  E  I  W  Z  N  Y  V  K  B  O
A  R  K  I  W  I  O  C  O  M  B  O  I  R
H  Q  A  P  R  I  K  O  S  E  R  K  R  A
C  I  Z  U  Z  I  T  R  O  N  E  O  N  N
Q  P  M  N  B  A  N  A  N  A  S  S  E  G
W  A  E  B  E  E  B  E  E  R  E  N  S  E
J  P  L  P  E  K  M  A  N  G  O  U  C  S
D  A  O  F  R  E  T  K  A  Z  E  S  A  P
F  Y  N  I  P  R  R  A  P  J  V  S  V  F
B  A  E  R  J  W  P  E  R  V  T  B  O  L
K  I  R  S  C  H  E  Q  H  I  G  V  C  A
V  P  P  I  B  T  V  G  M  Z  N  M  A  U
O  A  X  C  B  A  N  A  N  E  P  E  D  M
Y  B  U  H  A  P  F  E  L  H  X  A  O  E
```

APRIKOSE	KIWI
ANANAS	KOKOSNUSS
APFEL	MANGO
AVOCADO	MELONE
BANANE	NEKTARINE
BEERE	ORANGE
ZITRONE	PAPAYA
TRAUBE	BIRNE
HIMBEERE	PFIRSICH
KIRSCHE	PFLAUME

60 - Literatuur

```
B D Y L T R A G Ö D I E P B
E I P M E T A P H E R S Y E
R A O V E R G L E I C H M S
Z L E G H L A N A L Y S E C
Ä O T E R E I M U S H V I H
H G I D H A C C T P N V N R
L H S I Y A P R O Y O B U E
E F C C T Z N H R O M A N I
R I H H H F C A I C E X G B
V K J T M L T J L E B U K U
Q T H Z U Z N H J O P L T N
G I S Z S K A Y E Y G P L G
R O S T I L W M F M T I N T
A N E K D O T E V A A O E W
```

ANALOGIE
ANALYSE
ANEKDOTE
AUTOR
BIOGRAPHIE
DIALOG
FIKTION
GEDICHT
MEINUNG
METAPHER

BESCHREIBUNG
POETISCH
REIM
RHYTHMUS
ROMAN
STIL
THEMA
TRAGÖDIE
VERGLEICH
ERZÄHLER

61 - Technologie

```
I  S  O  F  T  W  A  R  E  N  B  U  S  I
B  T  B  Y  C  P  P  A  J  G  I  M  I  N
S  A  L  C  Q  U  S  E  S  N  L  F  C  T
Q  T  O  Q  L  S  R  P  B  A  D  K  H  E
D  I  G  I  T  A  L  S  F  C  S  B  E  R
Q  S  I  M  N  L  O  C  O  H  C  R  R  N
S  T  S  X  O  V  Z  H  R  R  H  O  H  E
G  I  S  L  V  I  R  R  S  I  I  W  E  T
D  K  A  M  E  R  A  I  C  C  R  S  I  V
D  A  K  O  R  T  G  F  H  H  M  E  T  I
E  A  T  K  C  U  P  T  U  T  V  R  F  R
B  Y  T  E  S  E  F  A  N  X  D  B  O  U
A  B  D  E  N  L  Y  R  G  V  A  D  P  S
F  S  Q  N  I  L  E  T  C  T  A  N  J  O
```

NACHRICHT	INTERNET
DATEI	SCHRIFTART
BLOG	FORSCHUNG
BROWSER	BILDSCHIRM
BYTES	SOFTWARE
KAMERA	STATISTIK
CURSOR	SICHERHEIT
DIGITAL	VIRTUELL
DATEN	VIRUS

62 - Boeken

```
G  D  G  Y  A  L  K  L  E  S  E  R  K  D
E  A  E  X  I  I  E  Z  I  P  X  J  C  Q
D  B  S  E  U  T  R  D  B  O  I  M  J  U
I  E  C  K  H  E  F  K  K  E  D  S  N  W
C  N  H  O  U  R  I  O  C  S  U  S  C  N
H  T  R  O  M  A  N  L  F  I  A  E  C  H
T  E  I  J  O  R  D  L  O  E  L  I  W  P
F  U  E  Z  R  I  E  E  L  U  I  T  V  H
M  E  B  A  V  S  R  K  O  N  T  E  X  T
U  R  E  U  O  C  I  T  S  X  Ä  I  Y  H
U  V  N  T  L  H  S  I  R  S  T  Q  V  O
D  H  X  O  L  H  C  O  N  O  R  U  P  V
P  G  T  R  Y  T  H  N  K  K  T  U  U  U
G  E  S  C  H  I  C  H  T  E  Q  Z  I  V
```

AUTOR
ABENTEUER
SEITE
KOLLEKTION
KONTEXT
DUALITÄT
EPISCH
GEDICHT

GESCHRIEBEN
HUMORVOLL
ERFINDERISCH
LESER
LITERARISCH
POESIE
ROMAN
GESCHICHTE

63 - Meer Informatie

```
D R E A L I S T I S C H I Y
W Y T G A L A X I E S Y Q F
C E S E X T R E M L N U Q A
F A L T C Q H D Q X Q T T N
N X U T O H R X K I N O I T
P V K T F P N W A X A P U A
B Ü C H E R I O P S I I M S
Q Z Q B U H M E L R M E C T
O R A K E L K Z A O A B Q I
E E M K R E K I N B G H I S
I L L U S I O N E O I I H C
S Z E N A R I O T T N A E H
E X P L O S I O N E Ä R H J
I E L Q Y Q G K E R R Q O A
```

KINO	ORAKEL
BÜCHER	PLANET
FEUER	REALISTISCH
IMAGINÄR	ROBOTER
DYSTOPIE	SZENARIO
EXPLOSION	GALAXIE
EXTREM	TECHNOLOGIE
FANTASTISCH	UTOPIE
ILLUSION	WELT

64 - Regenwoud

```
W  O  L  K  E  N  C  J  H  Y  K  G  T  E
M  D  R  N  W  J  S  C  D  T  A  G  R  I
D  O  X  W  A  Ü  B  E  R  L  E  B  E  N
H  I  H  K  D  T  X  M  T  H  F  I  S  H
A  M  O  O  S  M  U  V  O  A  I  L  P  E
H  S  F  W  C  J  X  R  Z  U  P  A  E  I
Z  A  M  P  H  I  B  I  E  N  A  H  K  M
U  O  M  Z  U  C  Y  R  V  O  P  R  T  I
F  Q  E  J  N  V  I  E  L  F  A  L  T  S
L  I  K  S  G  W  E  R  T  V  O  L  L  C
U  I  N  S  E  K  T  E  N  S  Ö  B  G  H
C  A  C  K  L  I  M  A  T  X  B  G  A  X
H  B  O  T  A  N  I  S  C  H  A  Q  E  J
T  G  E  M  E  I  N  S  C  H  A  F  T  L
```

AMPHIBIEN	NATUR
BOTANISCH	ÜBERLEBEN
VIELFALT	RESPEKT
GEMEINSCHAFT	ART
EINHEIMISCH	ZUFLUCHT
INSEKTEN	VÖGEL
DSCHUNGEL	WERTVOLL
KLIMA	WOLKEN
MOOS	

65 - Haartypes

```
C K G E S U N D D V F S S S
M V K E O M G Z N H D I C J
K A H L F B B L O N D L H B
U O P J F L O C K E N B W W
R H P W P M O C L Y P E A P
Z I M F H W B C W I Z R R D
X T Z G H I R S H E T S Z H
I A X I Z A A Y W T L A N G
D I C K Y N U P E L E L K E
T R O C K E N T I O U N I G
K S T C Q M V S S C X U E G
K F W E I C H C S K Z O U R
D Ü N N A F A R B I G S H A
L K O K V X V P N G E T Y U
```

BLOND	KOPFHAUT
BRAUN	KAHL
DICK	KURZ
TROCKEN	LOCKEN
DÜNN	LOCKIG
FARBIG	LANG
GEFLOCHTEN	WEISS
GESUND	WEICH
WELLIG	SILBER
GRAU	SCHWARZ

66 - Stad

```
U N I V E R S I T Ä T D H S
F B I B L I O T H E K T E C
B L U M E N H Ä N D L E R H
W Ä C L H Z A Q V V I S F U
W B C I O O P U H Z N U L L
M A R K T O O K O G I P U E
U N T H E A T E R H K E G G
S K M G L R H U A G S R H E
E L X A R T E L P Q T M A S
U O K L C M K I N O W A F C
M S L E R M E Y M C P R E H
R W V R S T A D I O N K N Ä
M H M I H L G I H R R T X F
J D E E E X C H S L E I N T
```

APOTHEKE   FLUGHAFEN
BÄCKEREI   MARKT
BANK   MUSEUM
BIBLIOTHEK   SCHULE
KINO   STADION
BLUMENHÄNDLER   SUPERMARKT
ZOO   THEATER
GALERIE   UNIVERSITÄT
HOTEL   GESCHÄFT
KLINIK

67 - Natuur

```
F T W D Y N A M I S C H V B
Z Y S W U T I E R E L E B I
S C H U T Z F F A O E I W E
G K N E B E L L Z W B L A N
L H E I T E R P U Ü E I L E
E N G U L U K P E S N G D N
T L T D V H Z W R T S T K H
S A R K T I S I O E W U M J
C R O L P N T L S E I M W G
H K P U A N C D I L C L O A
E V I V X U J O O N H M L Y
R K S T J J B V N E T M K M
M S C H Ö N H E I T I D E X
L A H B E R G E O C G D N N
```

ARKTIS	NEBEL
BERGE	FLUSS
BIENEN	SCHÖNHEIT
WALD	SCHUTZ
TIERE	HEITER
DYNAMISCH	TROPISCH
EROSION	LEBENSWICHTIG
LAUB	WILD
GLETSCHER	WÜSTE
HEILIGTUM	WOLKEN

68 - Dinosaurussen

```
A L L E S F R E S S E R V V
E V O L U T I O N W U R S B
M H J H L T R V C S A S D O
M Y B Ö S A R T I G W D E E
I T V E R S C H W I N D E N
Z F R A U B V O G E L H N A
O H R E P T I L S G M Y O K
G R Ö S S E E D C Z R P R V
E Z M A M M U T H S N O M F
J D F L Ü G E L W B C F S Q
W Z H K W Z E P A R T R L S
F O S S I L I E N Z Z Q J I
F J O T R C D R Z T F P E F
P R Ä H I S T O R I S C H S
```

ERDE
ENORM
EVOLUTION
FOSSILIEN
GROSS
GRÖSSE
MAMMUT
ALLESFRESSER
PRÄHISTORISCH

BEUTE
REPTIL
RAUBVOGEL
ART
SCHWANZ
VERSCHWINDEN
BÖSARTIG
FLÜGEL

69 - Zoogdieren

```
S K E D E L F I N S U C R A
Q J A K O J O T E R O D C F
T I B M Z K C H T F K A B F
Y K F J E B S Q Z O A G Z E
G U Ä X L L Ö W E Z T M Y Y
P K B N H Y S C S U Z O H W
Y K I S G A Z W T U E S D W
Z H B N F U S Z I E G E T Q
G J E W O P R E E S E L F J
G I R A F F E U R W O L F H
Y W V U U E Q F N S H U N D
C M Q C C R E L E F A N T E
W A L E H D G O R I L L A D
A S A P S F S F M S E Q Y P
```

AFFE	KÄNGURU
BIBER	KATZE
KOJOTE	HASE
DELFIN	LÖWE
ESEL	ELEFANT
ZIEGE	PFERD
GIRAFFE	STIER
GORILLA	FUCHS
HUND	WAL
KAMEL	WOLF

70 - Kampioenschap

```
D  X  O  S  F  S  V  W  Q  S  X  G  Z  J
C  F  O  J  U  I  C  J  A  I  Q  A  R  Z
H  I  T  Q  V  L  N  H  U  E  H  C  F  V
A  T  M  E  N  W  P  A  W  G  T  Q  A  T
M  U  R  R  M  Q  H  M  L  E  K  P  R  M
P  R  I  F  K  O  W  E  K  I  I  X  V  D
I  N  C  D  D  U  J  D  O  E  S  S  S  V
O  I  H  N  H  R  C  A  T  L  E  T  S  F
N  E  T  L  W  O  W  I  A  S  P  O  R  T
J  R  E  G  J  S  W  L  S  P  I  E  L  E
N  R  R  T  L  X  I  L  Q  Q  A  U  G  Z
C  L  T  R  A  I  N  E  R  A  U  J  N  G
S  T  R  A  T  E  G  I  E  J  M  I  P  S
H  V  M  O  T  I  V  A  T  I  O  N  N  G
```

ATMEN   RICHTER
FINALIST   SPORT
SPIELE   STRATEGIE
CHAMPION   TURNIER
LIGA   TRAINER
MEDAILLE   SCHWEISS
MOTIVATION   SIEG

71 - Exploratie

```
D  Z  E  M  R  J  H  G  E  A  O  E  R  Y
R  E  I  S  E  P  F  E  R  N  M  N  K  L
G  A  A  B  S  J  M  F  S  F  W  T  D  K
P  Q  U  B  V  G  F  A  C  H  S  D  B  U
B  U  M  M  Z  E  H  H  H  K  F  E  M  L
T  I  E  R  E  F  X  R  Ö  V  T  C  A  T
W  I  L  D  I  Ä  G  E  P  Y  Q  K  K  U
S  P  R  A  C  H  E  N  F  D  M  U  T  R
P  R  M  T  M  R  L  E  U  L  T  N  I  E
I  J  H  W  Y  L  Ä  O  N  E  U  G  V  N
A  O  I  J  J  I  N  I  G  R  R  S  I  J
I  H  Q  X  G  C  D  Y  T  N  B  U  T  W
N  P  O  D  S  H  E  L  Z  E  G  D  Ä  R
Z  W  U  N  B  E  K  A  N  N  T  X  T  T
```

AKTIVITÄT	ENTDECKUNG
KULTUREN	REISE
TIERE	RAUM
GEFÄHRLICH	SPRACHE
GEFAHREN	GELÄNDE
LERNEN	ERSCHÖPFUNG
MUT	FERN
NEU	WILD
UNBEKANNT	

72 - Voertuigen

```
E Y U P K H F U E E O B B H
Z U R Z A H L P S G X Y O J
X U L Q U M O T O R F Q O X
Q Q U H T Q S C L S S Q T Z
T A X I O B S R A K E T E C
F U R Z U D M L Y T J Q B I
Ä T E L K W F L U G Z E U G
H R I F A H R R A D U N S O
R A F I D D R O U U G D W E
E K E L O J T L W B U M F K
S T N S Y T W L C O A R A J
W O H N W A G E N O D H P K
B R V Q E N R R T T F Y N V
K R A N K E N W A G E N M H
```

KRANKENWAGEN	RAKETE
AUTO	ROLLER
REIFEN	TAXI
BOOT	TRAKTOR
BUS	ZUG
WOHNWAGEN	FÄHRE
FAHRRAD	FLUGZEUG
U-BAHN	FLOSS
MOTOR	LKW
U-BOOT	

73 - Geografie

```
M H M A Q C X I H Ö H E O I
E E Z E G Q G U A W W H A N
R M L T E B R E I T E Z R S
I I C X A R S K H P L L W E
D S T A D T Ü N A Z T A E L
I P O W U A D O Ä R B N S B
A H M E J Y E R Q R T D T W
N Ä B N Q S N D U E F E N L
V R X Y Y M J E A G X H J B
F E L C T K O N T I N E N T
L N H B Z Z Y B O O Z E A N
U Z U C T V X E R N D P B B
S E J G U R O R G R L O W I
S I Q R X U F G Z T O L M Y
```

ATLAS   MERIDIAN
BERG   NORDEN
BREITE   OZEAN
KONTINENT   REGION
INSEL   FLUSS
ÄQUATOR   STADT
HEMISPHÄRE   WELT
HÖHE   WEST
KARTE   MEER
LAND   SÜDEN

74 - Kunstbenodigdheden

```
K  W  A  S  S  E  R  D  Ö  B  D  W  B  G
R  Q  A  Y  X  T  A  B  E  L  L  E  L  F
E  S  C  O  H  I  D  B  Ü  R  S  T  E  N
A  T  E  P  P  N  I  Z  R  T  R  O  I  N
T  A  W  F  B  T  E  F  B  S  R  N  S  U
I  F  K  A  M  E  R  A  I  H  S  V  T  I
V  F  E  R  I  Y  G  E  P  O  T  C  I  H
I  E  X  B  S  T  U  H  L  L  G  Q  F  Q
T  L  T  E  R  R  M  N  M  Z  N  R  T  C
Ä  E  L  N  W  G  M  I  Q  K  Q  J  E  Y
T  I  W  R  Z  J  I  D  M  O  D  T  K  L
A  C  R  Y  L  L  R  E  J  H  Q  N  M  E
Z  U  Y  P  A  P  I  E  R  L  W  J  B  I
P  V  V  N  J  I  Y  N  L  E  H  W  Q  M
```

ACRYL	TON
BÜRSTEN	FARBEN
KAMERA	LEIM
KREATIVITÄT	ÖL
STAFFELEI	PAPIER
RADIERGUMMI	BLEISTIFTE
HOLZKOHLE	STUHL
IDEEN	TABELLE
TINTE	WASSER

75 - Barbecues

```
I  T  Q  L  S  X  I  K  N  S  G  G  N  U
G  E  O  V  B  L  P  I  E  O  S  A  W  E
V  X  G  M  J  P  U  S  Z  M  A  B  F  I
J  N  E  T  A  E  F  I  L  M  L  E  A  N
Z  S  J  Y  S  T  B  E  W  E  A  L  M  L
M  Z  F  H  C  W  E  D  F  R  T  N  I  A
O  Q  H  U  H  N  A  N  L  F  E  A  L  D
A  B  E  N  D  E  S  S  E  N  E  L  I  U
G  F  T  G  U  C  O  S  A  L  Z  R  E  N
E  R  H  E  I  S  S  U  D  K  P  D  C  G
M  U  I  R  M  U  S  I  K  Q  X  C  I  M
Ü  C  X  L  W  V  E  W  N  O  H  Q  X  O
S  H  O  S  L  Z  W  I  E  B  E  L  N  J
E  T  X  X  M  E  S  S  E  R  J  N  X  K
```

ABENDESSEN	PFEFFER
FAMILIE	SALATE
FRUCHT	SOSSE
GRILL	TOMATEN
GEMÜSE	ZWIEBELN
HEISS	EINLADUNG
HUNGER	GABELN
HUHN	SOMMER
MESSER	SALZ
MUSIK	

76 - Wetenschappelijke Discip

```
I  M  J  S  J  B  P  Z  U  F  E  V  S  G
M  I  W  S  H  C  H  E  M  I  E  E  C  E
M  N  A  N  D  L  Y  T  W  V  N  S  B  O
U  E  N  I  N  J  S  J  Ö  Y  A  V  O  L
N  R  A  H  R  O  I  R  K  X  L  R  E  O
O  A  T  L  B  I  O  L  O  G  I  E  V  G
L  L  O  Q  O  Z  L  Y  L  B  P  R  P  I
O  O  M  E  T  E  O  R  O  L  O  G  I  E
G  G  I  F  A  R  G  W  G  F  X  T  G  D
I  I  E  X  N  O  I  Q  I  A  H  T  I  B
E  E  A  R  I  V  E  E  E  C  Q  C  Y  K
N  W  M  T  K  B  I  O  C  H  E  M  I  E
L  M  E  C  H  A  N  I  K  U  V  X  D  R
T  H  E  R  M  O  D  Y  N  A  M  I  K  H
```

ANATOMIE	IMMUNOLOGIE
BIOCHEMIE	MECHANIK
BIOLOGIE	METEOROLOGIE
CHEMIE	MINERALOGIE
ÖKOLOGIE	BOTANIK
PHYSIOLOGIE	ROBOTIK
GEOLOGIE	THERMODYNAMIK

77 - Bijvoeglijke Naamwoorden

```
H U N G R I G S J P E K I T
K F Z W F S F T T R Y B N O
S F R I S C H A B O A G T X
C A Q L Q M U R E D L U E G
H D L D W F N K G U L Z R E
L R F Z W W H Z A K X M E S
Ä A J U I D X J B T G Q S U
F M Ü D E G N V T I R H S N
R A Y H F L E O N V J Z A D
I T R E I N U V R E E B N J
G I R T U W O V I M H V T M
Y S D Q Y N E K R E A T I V
T C N A T Ü R L I C H L U A
T H B E S C H R E I B E N D
```

BEGABT	NORMAL
BESCHREIBEND	PRODUKTIV
KREATIV	SCHLÄFRIG
DRAMATISCH	STARK
GESUND	STOLZ
HUNGRIG	FRISCH
INTERESSANT	WILD
MÜDE	SALZIG
NATÜRLICH	REIN
NEU	

78 - Kleding

```
H A N D S C H U H E X Q I P
S C H L A F A N Z U G H A V
S C H A L G G F Z D R A G B
C C L M I Ü O G H U T L P S
H P H X X R T J O I B S G A
Ü M V U O T O A S O C K E N
R A N K H E P C E P D E P D
Z N M J A L V K K X K T U A
E T Y M V C A E P A E T L L
Z E C C G I I B H T A E L E
X L K L E I D A L R H A O N
F L H E M D G Z V U S O V W
A R M B A N D M Y U S N E N
K W H T F B X W M O D E R P
```

ARMBAND	SCHLAFANZUG
BLUSE	GÜRTEL
HOSE	ROCK
HANDSCHUHE	SANDALEN
HUT	SCHUH
MANTEL	SCHÜRZE
JACKE	HEMD
KLEID	SCHAL
HALSKETTE	SOCKEN
MODE	PULLOVER

79 - Vliegtuigen

```
A  D  X  Y  Q  T  E  H  R  H  U  B  E  K
T  B  E  W  S  W  Z  N  I  I  A  A  H  O
Z  W  E  S  K  P  D  A  C  M  T  L  C  N
U  Y  W  N  I  R  F  V  H  M  M  L  R  S
P  I  L  O  T  G  A  I  T  E  O  O  E  T
A  L  U  F  T  E  N  G  U  L  S  N  W  R
P  B  R  C  O  A  U  I  N  A  P  X  O  U
E  V  S  H  Ö  H  E  E  G  N  H  Z  G  K
P  P  C  T  J  E  C  R  R  D  Ä  I  Y  T
I  F  Q  A  I  D  A  E  Y  U  R  M  D  I
M  O  T  O  R  E  R  N  Z  N  E  V  R  O
T  T  I  C  Z  Y  G  T  F  G  T  N  M  N
G  E  S  C  H  I  C  H  T  E  M  A  R  B
T  U  R  B  U  L  E  N  Z  T  F  I  D  U
```

ABSTIEG	LANDUNG
ATMOSPHÄRE	LUFT
ABENTEUER	MOTOR
BALLON	NAVIGIEREN
CREW	DESIGN
KONSTRUKTION	PILOT
GESCHICHTE	RICHTUNG
HIMMEL	TURBULENZ
HÖHE	

80 - Herbalisme

```
Q F E N C H E L G A R T E N
U T L F Q Q G I X R W H O A
A U U F I W P U B O Q Y M M
L D B A B L U M E M O M F N
I Z U T A T I L Z A D I L L
T E S T R A G O N T U A A R
Ä R O S M A R I N I U N V M
T O R E G A N O M S X T E A
G E S C H M A C K C Y I N J
B A S I L I K U M H H L D O
G K U L I N A R I S C H E R
Z R P E T E R S I L I E L A
M K Ü S A F R A N M A X U N
P X K N O B L A U C H D Q I
```

AROMATISCH	LAVENDEL
BASILIKUM	MAJORAN
BLUME	OREGANO
KULINARISCH	PETERSILIE
DILL	ROSMARIN
ESTRAGON	SAFRAN
GRÜN	GESCHMACK
ZUTAT	THYMIAN
KNOBLAUCH	GARTEN
QUALITÄT	FENCHEL

81 - Meubels

```
N E S A W R D S P I E G E L
W V X D X J E H M K A O Z S
K O M M O D E G P I E V Q E
Y R G N C N Z Z A P R Z H S
B H T E P P I C H L I Q U S
A A B E T T D E C K E K I E
E N B Ü C H E R R E G A L L
V G L A E L M A T R A T Z E
L Y H Ä N G E M A T T E T K
F A W X R K V N L S V N R I
M D M O G G O E E T Z A E S
Y A X P Z C Q Q F U T O N S
Q E O J E G I R S H R B N E
T T U B E T T B O L N P O N
```

BANK
BETT
BÜCHERREGAL
BETTDECKE
KOMMODE
SESSEL
FUTON
VORHANG

HÄNGEMATTE
KISSEN
LAMPE
MATRATZE
REGAL
SPIEGEL
STUHL
TEPPICH

82 - Piraten

```
S  N  A  R  B  E  K  G  O  L  D  V  Q  W
A  T  T  L  Z  D  O  O  H  V  T  U  O  J
B  P  R  K  O  E  M  S  C  H  A  T  Z  C
E  A  Z  A  I  J  P  C  A  N  W  U  U  R
N  P  U  P  N  T  A  O  F  N  V  Z  I  E
T  A  K  I  S  D  S  J  E  D  K  Q  Z  W
E  G  A  T  E  Q  S  Q  I  G  W  E  U  F
U  E  R  Ä  L  T  P  O  Z  E  A  N  R  L
E  I  T  N  F  S  V  V  E  F  H  Q  R  A
R  L  E  G  E  N  D  E  L  A  Ö  O  K  G
S  C  H  W  E  R  T  R  S  H  H  Q  Z  G
S  C  H  L  E  C  H  T  U  R  L  L  G  E
I  A  A  L  O  I  O  G  H  M  E  X  L  E
O  E  P  K  S  C  R  W  Y  E  X  T  F  D
```

ANKER	LEGENDE
ABENTEUER	NARBE
CREW	OZEAN
INSEL	PAPAGEI
GEFAHR	RUM
GOLD	SCHATZ
HÖHLE	SCHLECHT
KARTE	STRAND
KAPITÄN	FLAGGE
KOMPASS	SCHWERT

83 - Om in te Vullen

```
H  O  U  W  P  I  V  S  G  N  I  A  U  H
J  I  K  S  V  F  X  L  F  Q  W  T  M  H
I  X  C  S  E  X  V  P  A  K  E  T  S  L
E  W  J  Q  U  A  E  F  S  O  I  A  C  V
W  C  G  G  X  A  C  V  S  R  M  S  H  Y
S  Z  G  Z  D  W  R  T  V  B  E  C  L  M
Q  Q  Y  E  K  O  F  F  E  R  R  H  A  Y
V  M  K  T  A  B  L  E  T  T  R  E  G  M
T  A  I  P  R  E  A  K  R  K  I  E  A  G
C  P  S  L  T  C  S  W  B  O  X  P  K  C
X  P  T  E  O  K  C  A  E  R  H  M  R  B
V  E  E  A  N  E  H  K  K  O  O  R  U  F
C  X  C  J  W  N  E  Z  X  H  Y  X  G  I
S  C  H  U  B  L  A  D  E  X  R  Q  N  A
```

BECKEN	KISTE
ROHR	SCHUBLADE
TABLETT	KORB
BOX	MAPPE
EIMER	PAKET
UMSCHLAG	KRUG
FLASCHE	VASE
KARTON	FASS
KOFFER	TASCHE

84 - Surfen

```
S C H W I M M E N J J Z V H
W H S K G K V B I V Q O S R
C E D K M K R N Z U U T C I
E M C H A M P I O N W G H F
D M O W G H E X T R E M A F
B E L I E B T N H W L D U S
W X E W N S O W G A L E M G
W E T T E R P J X E E S N Z
O Z E A N V Y A B G N T K P
B K V L C B A G S Y M Ä Z A
S P R A Y R N W O S B R Y D
A T H L E T I U D J S K L D
I W I U G A N F Ä N G E R E
A N K L U Q N S T R A N D L
```

ATHLET	SPASS
ANFÄNGER	BELIEBT
EXTREM	RIFF
WELLE	SCHAUM
CHAMPION	SPRAY
STÄRKE	STIL
MAGEN	STRAND
MENGEN	WETTER
OZEAN	SCHWIMMEN
PADDEL	

85 - Rijden

```
A C B S I C H E R H E I T B
K A R T E M O T O R R A D R
W V E R K E H R K V S G W E
T U N F A L L I Z E N Z T M
U Q N J U Y Q O K D G M H S
N V S K V S D C K B F O L E
N B T R A N S P O R T T W N
E T O L Q S B G O M V O A F
L Y F F K E A A Ä T Q R U M
P O F C V W F S B N X C T H
P O L I Z E I W U J G U O P
A H P N S T R A S S E E K L
Q Q Q V I R P X J E J W R A
G E F A H R G A R A G E K W
```

AUTO	UNFALL
BRENNSTOFF	POLIZEI
BUS	BREMSEN
GARAGE	STRASSE
GAS	TUNNEL
GEFAHR	SICHERHEIT
KARTE	VERKEHR
LIZENZ	TRANSPORT
MOTOR	FUSSGÄNGER
MOTORRAD	LKW

86 - Wetenschap

```
P F I W O I D M S F V O K C
H O I K N F A F M D F R L H
Y S U P A R T I K E L G I E
S S E M O L E K Ü L E A M M
I I M V S D N Y Z U X N A I
K L E H O N O A K A P I P S
Z D T Y L L U T R Q E S F C
D F H P A U U A V X R M L H
F L O O B B A T O M I U A O
R F D T O D G S I Z M S N B
M T E H R S G A H O E J Z Q
R L E E A I C C S E N E E O
U N I S A S O H Y W T T N X
E X D E S I U E P N A T U R
```

ATOM
CHEMISCH
PARTIKEL
EVOLUTION
EXPERIMENT
TATSACHE
FOSSIL
DATEN
HYPOTHESE

KLIMA
LABOR
METHODE
MOLEKÜLE
NATUR
PHYSIK
ORGANISMUS
PFLANZEN

87 - Hulpmiddelen

```
H  P  L  N  A  D  X  M  D  C  W  E  K  S
J  S  E  I  L  E  E  I  Y  S  U  U  A  Q
K  V  C  O  O  K  R  X  O  H  B  K  B  J
Z  E  Y  H  E  F  T  K  L  A  M  M  E  R
S  C  H  E  R  E  L  R  T  X  E  L  L  A
D  C  X  M  S  A  G  A  C  T  S  I  F  S
R  V  H  M  D  T  U  D  K  H  S  N  A  I
Q  L  W  A  U  H  M  B  G  A  E  E  C  E
J  R  S  Z  U  N  V  L  E  M  R  A  K  R
Z  A  N  G  E  F  Q  G  B  M  Z  L  E  E
H  E  F  T  E  R  E  Q  R  E  L  U  L  R
J  L  E  I  T  E  R  L  X  R  H  E  G  G
H  Y  A  N  B  W  B  E  H  C  N  C  I  W
V  U  D  U  K  R  Y  E  J  M  I  G  F  M
```

AXT	HEFTER
FACKEL	SCHERE
HAMMER	RASIERER
LINEAL	SCHAUFEL
KABEL	SCHRAUBE
LEITER	ZANGE
LEIM	SEIL
MESSER	RAD
HEFTKLAMMER	

88 - Speelgoed

```
F  B  T  I  P  O  A  I  A  U  P  C  D  S
K  O  J  B  U  H  A  H  N  Z  U  G  R  C
U  O  H  W  Z  F  A  H  R  R  A  D  A  H
N  T  Z  A  Z  K  U  N  L  K  W  C  C  L
S  F  Z  S  L  A  T  P  T  B  O  D  H  A
T  I  L  F  E  V  O  U  O  A  T  S  E  G
H  Q  J  U  A  S  L  P  N  L  S  X  N  Z
A  X  O  H  G  V  I  P  J  L  S  I  T  E
N  S  D  W  I  Z  O  E  U  K  P  K  E  U
D  C  S  L  B  K  E  R  J  A  I  V  G  G
W  H  E  R  T  Q  P  U  I  Q  E  F  R  H
E  A  B  Ü  C  H  E  R  G  T  L  M  A  V
R  C  E  W  E  V  T  P  V  Y  E  R  H  O
K  H  E  R  O  B  O  T  E  R  R  H  R  S
```

KUNSTHANDWERK	PUPPE
AUTO	PUZZLE
BALL	ROBOTER
BÜCHER	SCHACH
BOOT	ZUG
SCHLAGZEUG	PHANTASIE
FAVORIT	DRACHEN
FAHRRAD	FLUGZEUG
SPIELE	LKW
TON	

89 - Muziekinstrumenten

```
S  C  H  L  A  G  Z  E  U  G  C  X  J  O
D  I  U  K  O  M  G  O  N  G  E  M  H  B
U  O  O  L  P  C  C  G  R  Q  L  U  T  O
P  O  S  A  U  N  E  E  W  S  L  N  R  E
W  D  V  V  L  N  U  I  L  Z  O  D  O  E
T  M  L  I  O  E  U  G  S  G  Z  H  M  B
R  A  G  E  P  K  S  E  F  S  G  A  P  A
O  R  M  R  B  T  G  I  T  A  R  R  E  N
M  I  L  B  F  L  Ö  T  E  X  G  M  T  J
M  M  U  X  U  Z  P  K  Q  O  V  O  E  O
E  B  S  H  A  R  F  E  L  P  G  N  T  D
L  A  L  D  G  R  I  T  L  H  V  I  K  T
D  V  V  Y  F  X  B  N  J  O  V  K  Y  T
M  A  N  D  O  L  I  N  E  N  P  A  Y  S
```

BANJO
CELLO
FAGOTT
FLÖTE
GITARRE
GONG
HARFE
OBOE
MANDOLINE
MARIMBA

MUNDHARMONIKA
SCHLAGZEUG
KLAVIER
SAXOPHON
TAMBURIN
POSAUNE
TROMMEL
TROMPETE
GEIGE

90 - Activiteiten en Vrije Ti

```
U  K  K  S  Z  C  H  C  F  R  W  Y  J  E
V  V  U  X  N  A  B  A  S  E  B  A  L  L
E  V  O  N  R  D  O  M  Q  G  O  Y  H  H
E  C  X  L  S  Y  X  P  X  C  K  M  O  Q
N  Q  S  B  L  T  E  I  K  H  B  F  B  C
T  A  U  C  H  E  N  N  F  I  J  Z  B  I
S  T  R  A  V  Y  Y  G  O  L  F  C  I  X
P  A  F  Y  Q  R  M  B  R  E  I  S  E  A
A  O  E  H  D  Q  W  X  A  L  O  R  S  N
N  F  N  T  E  N  N  I  S  L  U  E  R  G
N  V  I  G  E  M  Ä  L  D  E  L  N  M  E
E  B  A  S  K  E  T  B  A  L  L  N  G  L
N  H  P  W  A  N  D  E  R  N  P  E  F  N
D  F  U  S  S  B  A  L  L  J  O  N  T  J
```

BASKETBALL	ENTSPANNEND
BOXEN	RENNEN
TAUCHEN	REISE
GOLF	GEMÄLDE
ANGELN	SURFEN
HOBBIES	TENNIS
BASEBALL	FUSSBALL
CAMPING	VOLLEYBALL
KUNST	WANDERN

91 - Water

```
B Y S M Q Y D R U J K W A V
E F C F O S H A K A N A L E
W Z H S E E I S M X P D U R
Ä O N Y Z O B H O P N R B D
S W E M O N S U N Z F L B U
S F E R M B F T H R E G E N
E Y L O D R L R U W W A C S
R G I U G I H I R E F B N T
U Q F B T E K N R L L F D U
N G E Y S I R K I L U A F N
G D U S C H E B K E S R V G
B P C N M Q E A A N S T G P
J B H E G L M R N F R O S T
K W T D A G Z O H D J Q I W
```

DUSCHE
TRINKBAR
GEYSIR
WELLEN
EIS
BEWÄSSERUNG
KANAL
SEE
MONSUN
OZEAN

HURRIKAN
FLUT
REGEN
FLUSS
SCHNEE
DAMPF
VERDUNSTUNG
FEUCHT
FROST

92 - Schaken

```
K D L T E G B T S L B B C D
Ö S O Q L Q N Z O E J O H I
N R P U N K T E B R T I A A
I W F P A S S I V N U S M G
G R E G E L N T R E R P P O
I V R T R L T B K N N I I N
N N V S T R A T E G I E O A
S Z M J O B W H L H E L N L
F C K L U G E G N E R E G H
B S H G Y U I W W H L R K Z
W P I W N X S X E D D C Ö G
S I X M A A S A N R U Z N G
V E A N W R F Q V B B A I W
L L U D F O Z G N V F R G G
```

DIAGONAL	SPIEL
CHAMPION	SPIELER
KÖNIG	STRATEGIE
KÖNIGIN	GEGNER
LERNEN	ZEIT
OPFER	TURNIER
PASSIV	WETTBEWERB
PUNKTE	WEISS
REGELN	SCHWARZ
KLUG	

93 - Boerderij #1

```
Z B S X C Y P V P O J W J S
W U I C F R Z Q Q D G O E H
L Z C N H H E R D E U O M R
L B L S G W Y D N J W W N P
D Y V U D C E L H J A D H Z
Ü Z K R Ä H E I B M S D B K
N C U C C U B I N V S J L M
G I H U N D Z I E G E E P H
E F O S V S H V E W R G B O
R F N I K A J U Z N E S E L
R E I S Z A U N H B E X G V
J L G K A T Z E T N C Y P S
L D T H B A B I Y E M L K J
B P F E R D K A L B H E U C
```

BIENE	KUH
ESEL	KRÄHE
ZIEGE	HERDE
ZAUN	DÜNGER
HUND	PFERD
HONIG	REIS
HEU	SCHWEIN
KALB	FELD
KATZE	WASSER
HUHN	SAAT

94 - Huis

```
T G I C Y W K F L G I N C Z
D E C K E Z A U Y A J B U I
S V P P J A M D Q R M Q V M
C X W P Q U I G K A M P P M
H J B Y I N E E G Z S E E E
O N H X F C H M K E L L E R
R L T W L A H Ö D D R Y Y A
N D U S C H E B V T D Y B B
S P I E G E L E K Ü C H E G
T R G C U D D L S R J R S A
E E S C H L A F Z I M M E R
I H R Z Z Q J C W A N D N T
N S X J N Z T I H C Y S N E
B I B L I O T H E K B G F N
```

BESEN   KÜCHE
BIBLIOTHEK   LAMPE
DACH   MÖBEL
TÜR   WAND
DUSCHE   DECKE
GARAGE   SCHORNSTEIN
KAMIN   SCHLAFZIMMER
ZAUN   SPIEGEL
ZIMMER   TEPPICH
KELLER   GARTEN

95 - Kleuren

```
F O S E P I A S P Z G B Z A
U R Z R R J A C O H Y R Y Z
C A O T T F M H A K X A I U
H N M S A T A W B L A U N R
S G M R A F H A E I N N D B
I E H W H X H R W L S E I L
E V B L Y L U Z S A B U G A
W E I S S T B E I G E G O U
N S E P D Q H Y G R P I Y L
M A G E N T A R R A J A O N
B G Q A Z G M O Ü U J J M G
N E E O G E F T N W N I H M
E Q Y L Q B N N M M D X K M
F B U H B A T B U K G S M E
```

AZURBLAU	INDIGO
BEIGE	MAGENTA
BLAU	ORANGE
BRAUN	LILA
ZYAN	ROT
FUCHSIE	ROSA
GELB	SEPIA
GRAU	WEISS
GRÜN	SCHWARZ

96 - Verjaardag

```
D H G G N G E G Q J O K K S
I P Ä L T E R E Z A C E U P
J M C Ü A B I S Z H O R C E
D Q S C G O N C Z R D Z H Z
K U Z K W R N H K E P E E I
A A I L E E E D Q I N N A
L Z M I I N R N J J M T A L
E I F C S F U K O F D J P F
N X E H H B N T A A L U Z R
D P I D E X G D O R Y N E E
E B E F I A E S E S T G Z U
R N R C T M N L W A U E G N
L E I N L A D U N G E N N D
M G F H S P A S S Q H W X E
```

KUCHEN	KALENDER
TAG	LIED
GEBOREN	ÄLTER
GLÜCKLICH	SPASS
GESCHENK	SPEZIAL
ERINNERUNGEN	ZEIT
JAHR	EINLADUNGEN
JUNG	FEIER
KERZEN	FREUNDE
KARTEN	WEISHEIT

97 - Getallen

```
D V W K R X T V H B M S Z D
Z H N U L L S I E B E N W R
E W H B M Q S E C H S I E E
H S A C H T G R N I A C I I
N E C N E U N Z E H N K Y Z
E C H N Z F Z E F T Y S U E
A H T W E I Ü H V I E R F H
W Z Z K B U G N Z D R E I N
P E E Z J I N T F C M P Z K
P H H E I N S R Z Z F S J D
O N N I J U K K A W E D V S
F Ü N F U Y B K C Ö V H W T
X N F T F H V Q B L J R N C
S I E B Z E H N D F Z X V C
```

ACHT	ZWEI
ACHTZEHN	ZWANZIG
DREIZEHN	VIERZEHN
DREI	VIER
EINS	FÜNF
NEUN	FÜNFZEHN
NEUNZEHN	SECHS
NULL	SECHZEHN
ZEHN	SIEBEN
ZWÖLF	SIEBZEHN

98 - Boerderij #2

```
B  X  O  H  W  J  B  L  W  M  B  Q  W  T
D  A  T  O  E  A  M  A  H  I  I  S  V  R
Y  Z  K  K  I  J  I  M  V  L  E  Z  J  A
P  Q  R  H  Z  Y  O  A  T  C  N  S  G  K
S  I  H  U  E  I  D  V  H  H  E  Y  E  T
E  Q  R  X  N  C  A  D  B  O  N  W  G  O
O  B  S  T  G  A  R  T  E  N  S  G  E  R
K  S  W  Y  W  M  A  I  S  N  T  E  R  F
P  C  C  A  O  A  P  E  C  A  O  M  S  R
T  H  U  H  E  H  S  R  H  L  C  Ü  T  U
Q  A  L  L  E  N  T  E  Ä  J  K  S  E  C
D  F  X  B  A  U  E  R  F  G  X  E  D  H
C  X  X  T  Q  M  N  W  E  X  E  W  K  T
S  H  G  N  N  I  M  E  R  C  V  Z  X  G
```

BIENENSTOCK	LAMM
BAUER	LAMA
OBSTGARTEN	MAIS
TIERE	MILCH
ENTE	SCHAF
FRUCHT	SCHEUNE
GERSTE	WEIZEN
GEMÜSE	TRAKTOR
SCHÄFER	WIESE

99 - Voeding

```
G E W I C H T O X I N M M L
B D O R K V P R O T E I N E
B I T T E R E L C U U P F F
I D J K A L O R I E N L H C
G D I Ä T S U Y D V W I P U
E S S B A R O E Q A U O D Z
S Q O G E S U N D T U R A S
C A U S G E W O G E N U M I
H W X A S U E Q F T N X N M
M D K U L E S H U U Q Z V G
A P P E T I T R K B S A B I
C E K M V I T A M I N B X E
K T X H N W W Ä M C M S V M
L X F E R M E N T A T I O N
```

BITTER   GEWICHT
KALORIEN   GESUND
DIÄT   QUALITÄT
ESSBAR   SOSSE
APPETIT   GESCHMACK
PROTEINE   VERDAUUNG
AUSGEWOGEN   TOXIN
FERMENTATION   VITAMIN

1 - Metingen

2 - Keuken

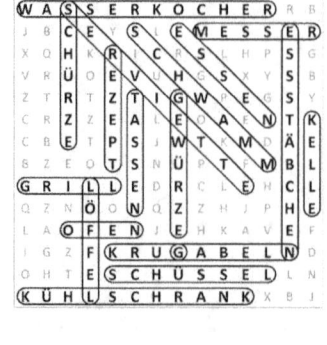
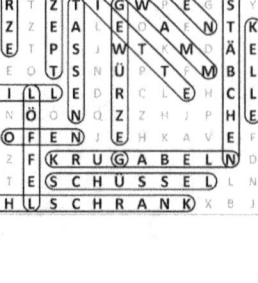

3 - Boten

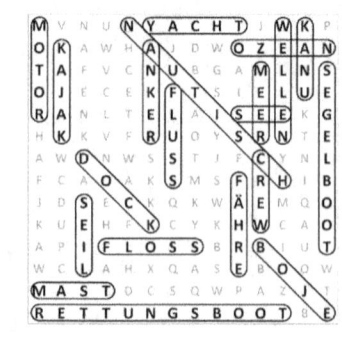

4 - Chocolade

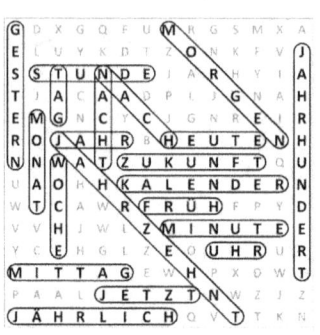
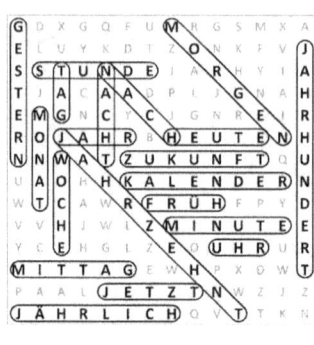

5 - Tijd

6 - Meditatie

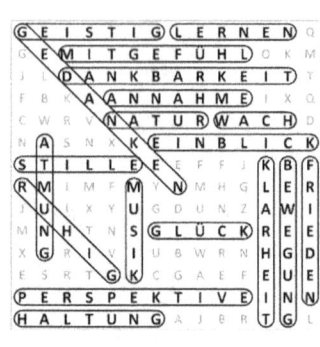

7 - Zomer

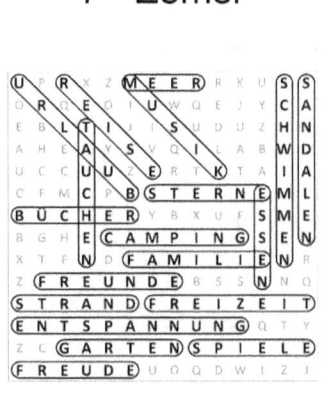

8 - Vogels

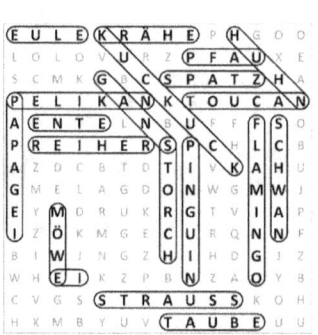

9 - Behoud

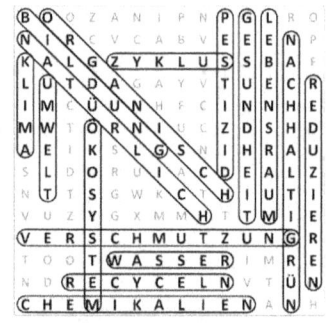

10 - Wiskunde

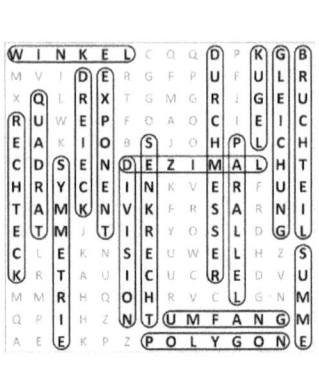

11 - Camping

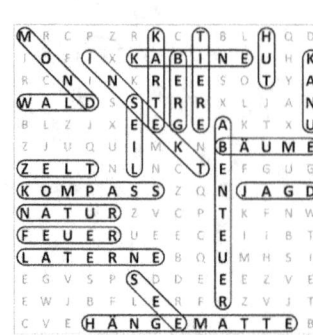

12 - Activiteiten

13 - Vormen

14 - Astronomie

15 - Emoties

16 - Vakantie #2

17 - Weersomstandigh

18 - Strand

19 - Eten #2

20 - Klimmen

21 - Restaurant #1

22 - Geologie

23 - Specerijen

24 - Groenten

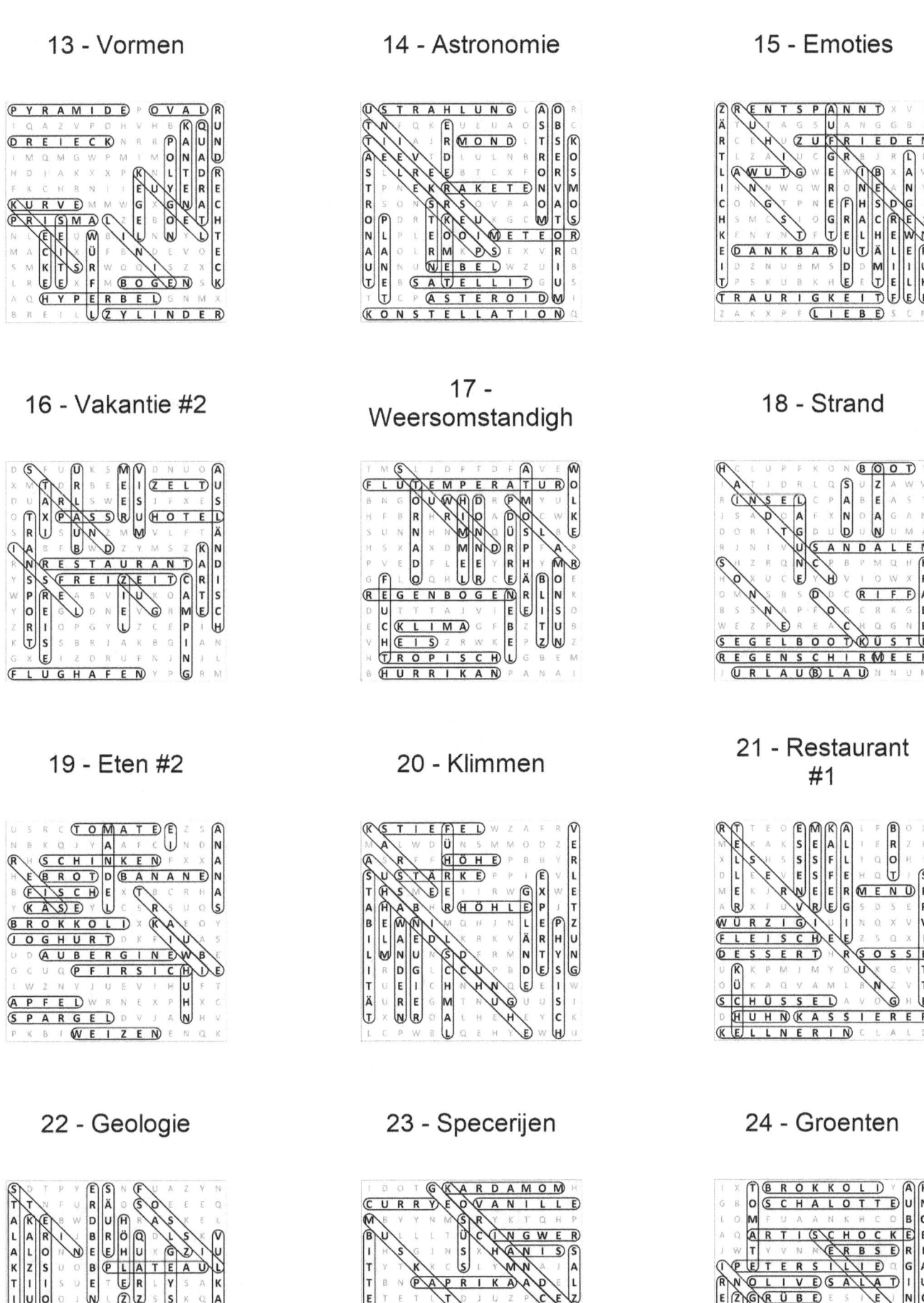

25 - Dans

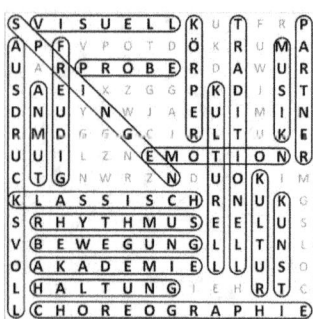

26 - Sport

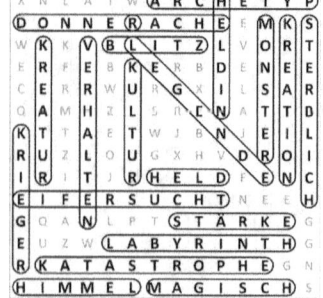

27 - Mythologie

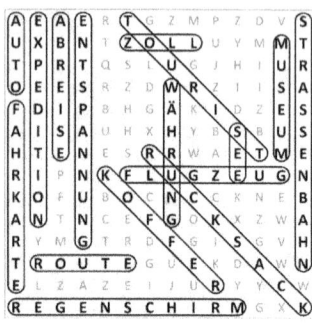

28 - Vakantie #1

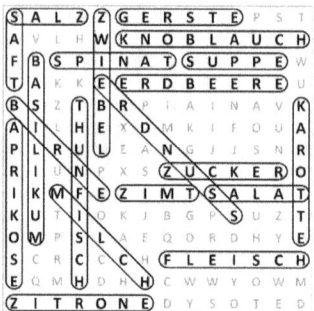

29 - Eten #1

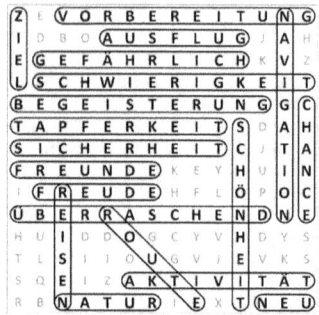

30 - Avontuur

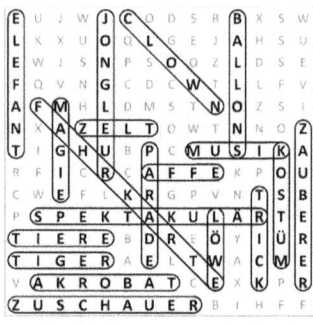

31 - Circus

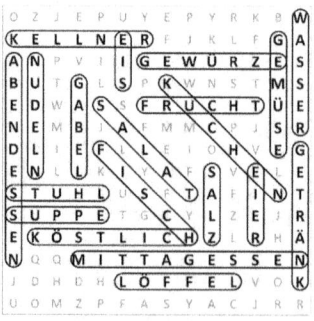

32 - Restaurant #2

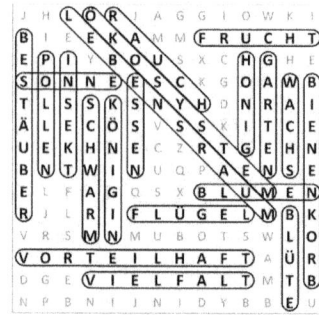

33 - Bijen

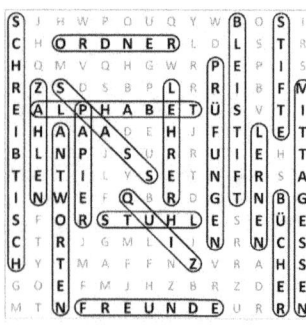

34 - School #1

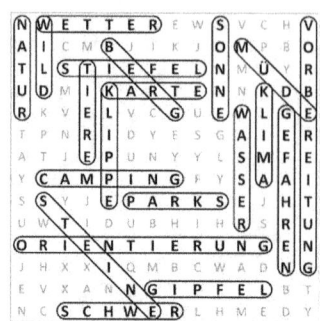

35 - Wandelen

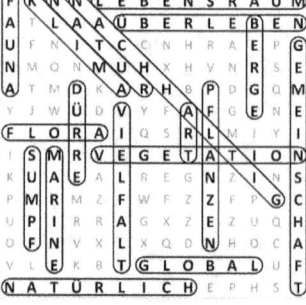

36 - Ecologie

37 - Installaties

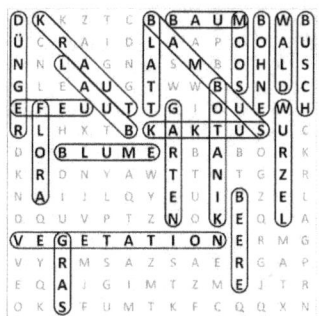

38 - School #2

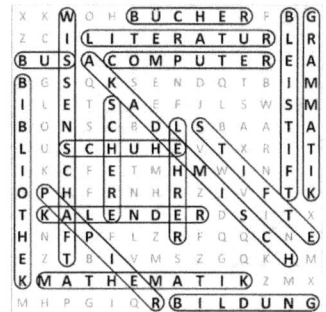

39 - Oceaan

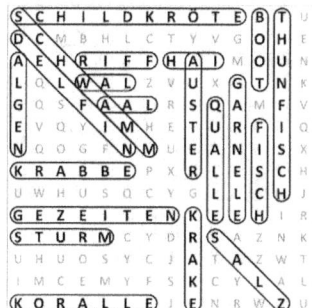

40 - Landen #2

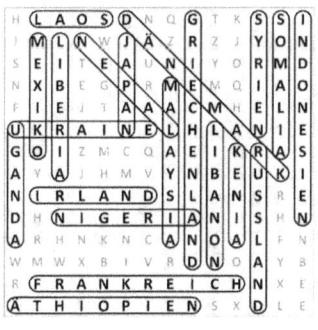

41 - Bloemen

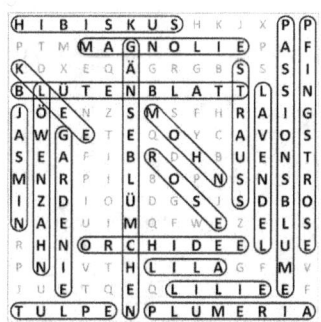

42 - Huisdieren

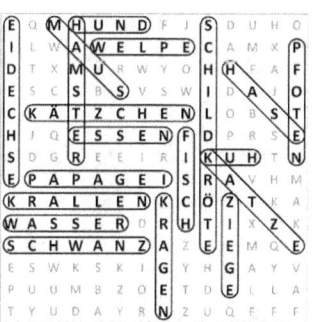

43 - Landschappen

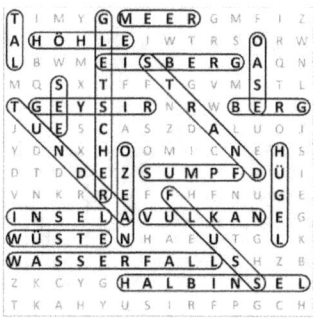

44 - Tuin

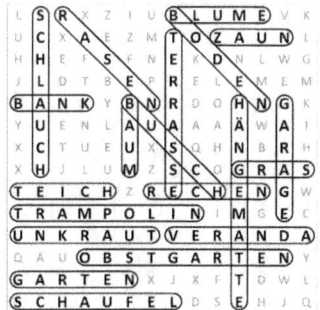

45 - Katten

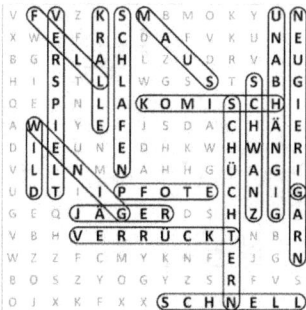

46 - Beroepen #2

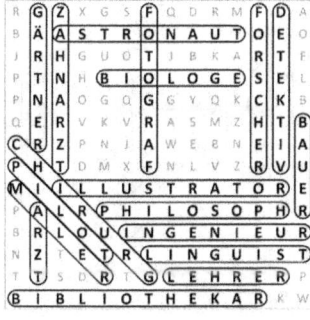

47 - Dagen en Maanden

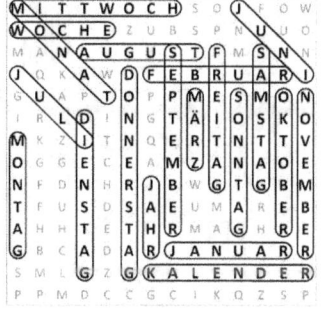

48 - Beeldende Kunsten

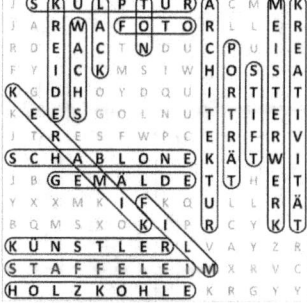

49 - Menselijk Lichaam

50 - Familie

51 - Gebouwen

52 - Kunst

53 - Beroepen #1

54 - Kastelen

55 - Insecten

56 - Antarctica

57 - Ballet

58 - Vissen

59 - Fruit

60 - Literatuur

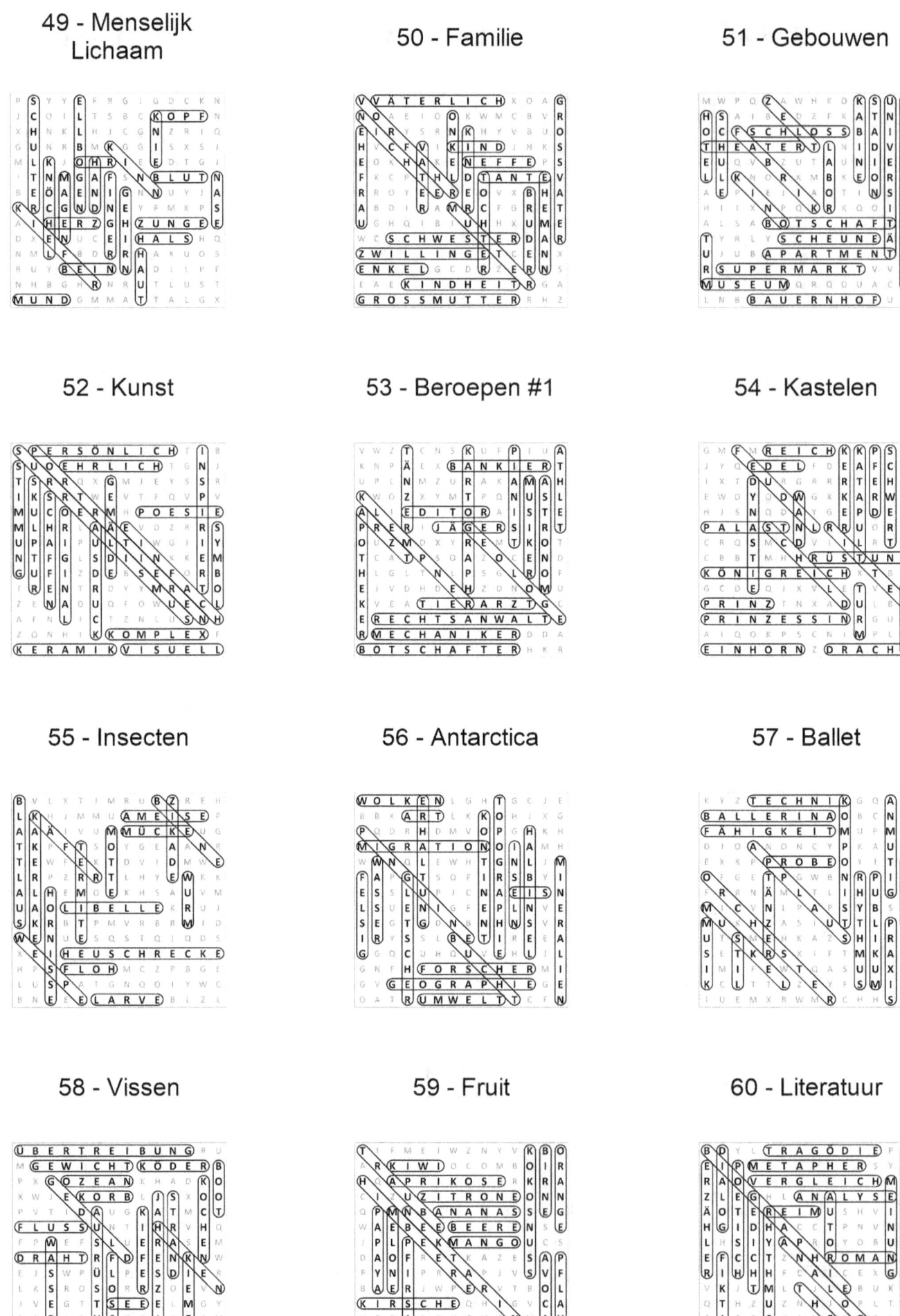

61 - Technologie

62 - Boeken

63 - Meer Informatie

64 - Regenwoud

65 - Haartypes

66 - Stad

67 - Natuur

68 - Dinosaurussen

69 - Zoogdieren

70 - Kampioenschap

71 - Exploratie

72 - Voertuigen

73 - Geografie

74 - Kunstbenodigdhe

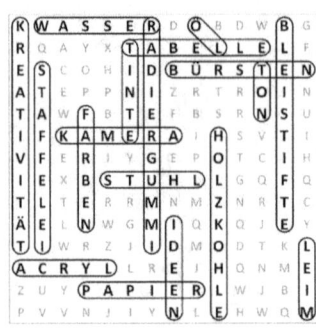

75 - Barbecues

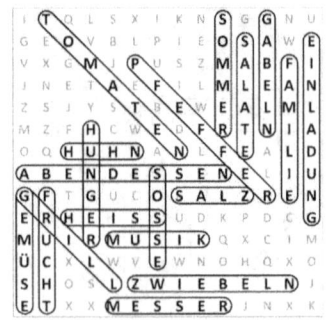

76 - Wetenschappelijk

77 - Bijvoeglijke Naamwoorden

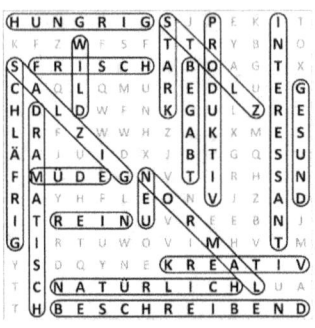

78 - Kleding

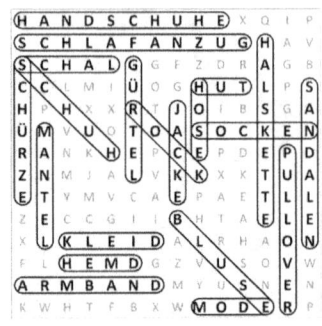

79 - Vliegtuigen

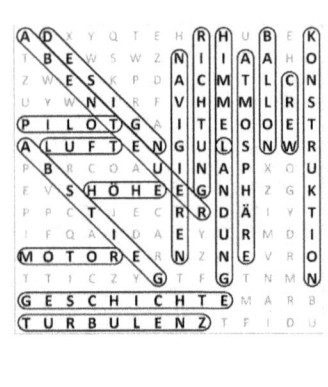

80 - Herbalisme

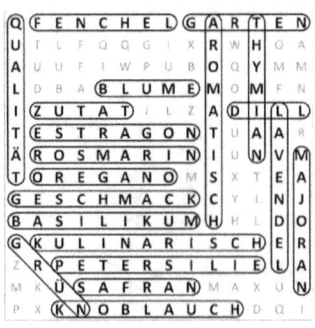

81 - Meubels

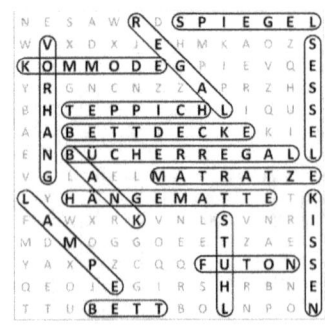

82 - Piraten

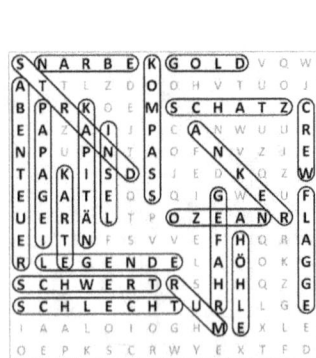

83 - Om in te Vullen

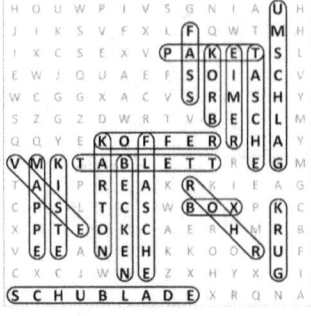

84 - Surfen

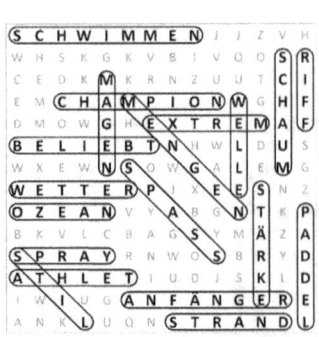

85 - Rijden

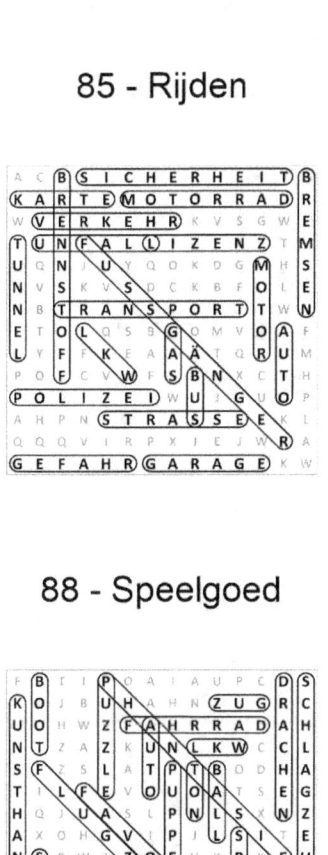

86 - Wetenschap

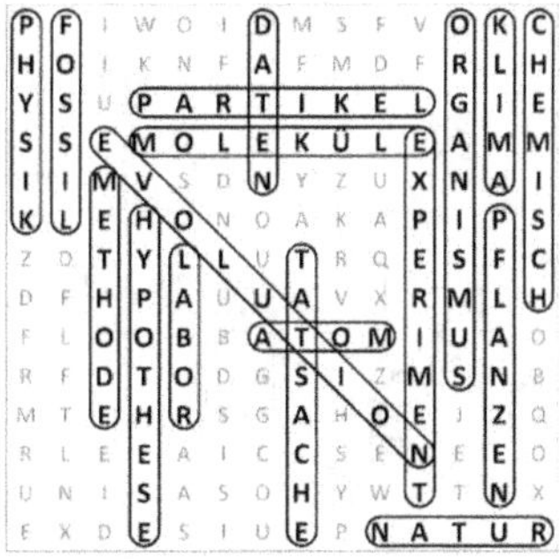

87 - Hulpmiddelen

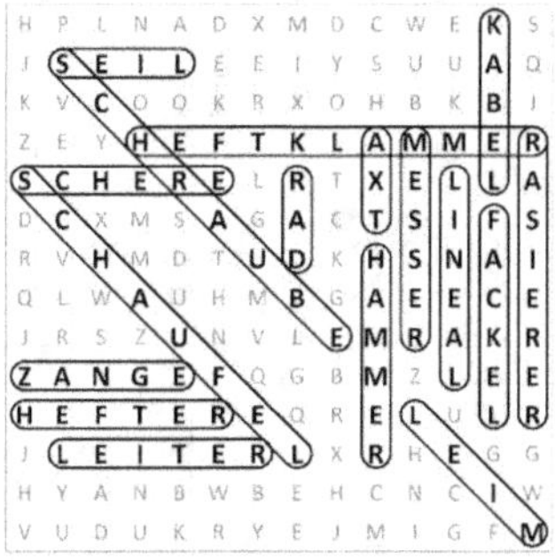

88 - Speelgoed

89 - Muziekinstrument

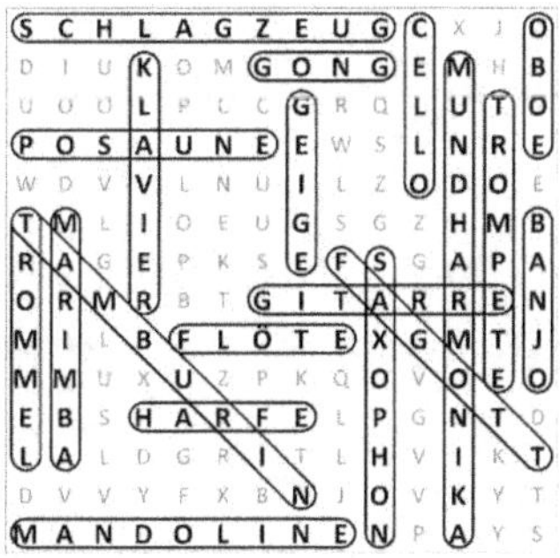

90 - Activiteiten en Vrije Ti

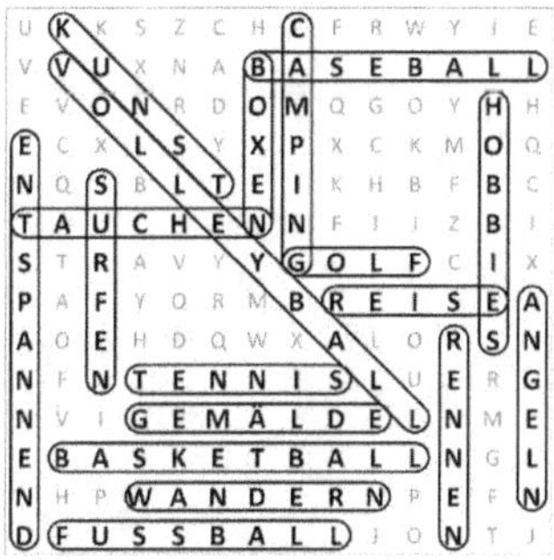

91 - Water

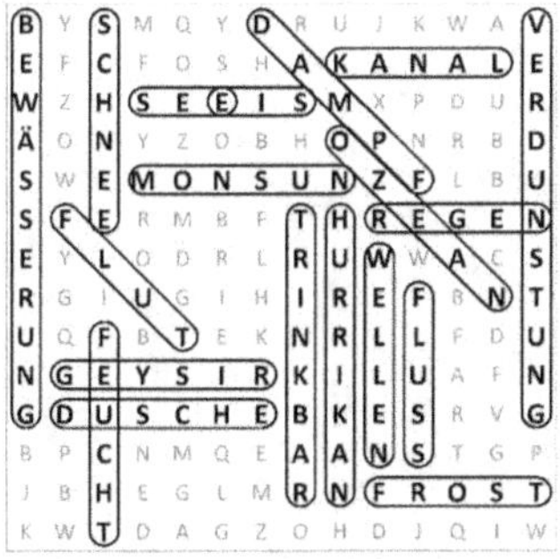

92 - Schaken

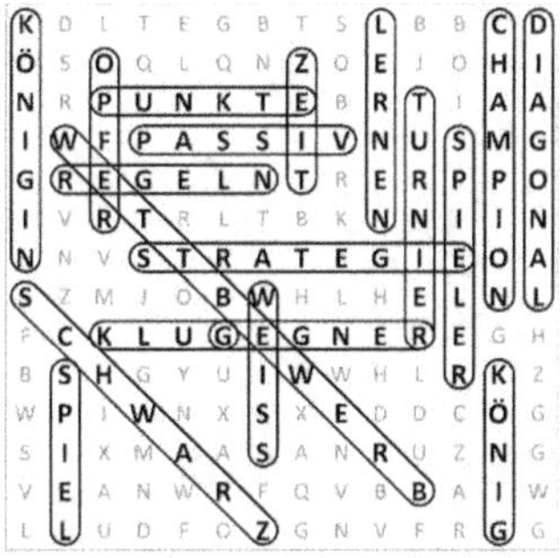

93 - Boerderij #1

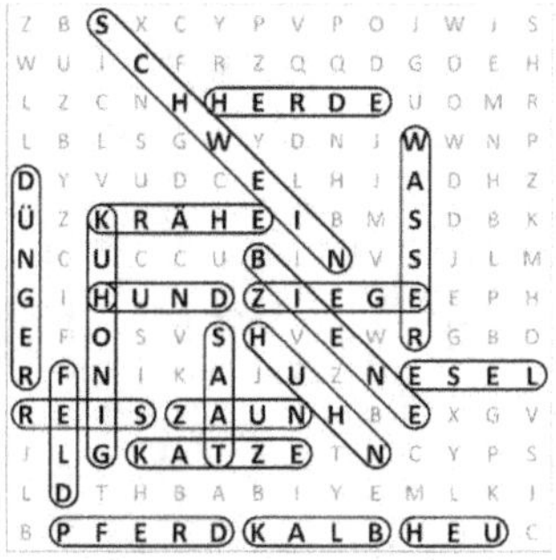

94 - Huis

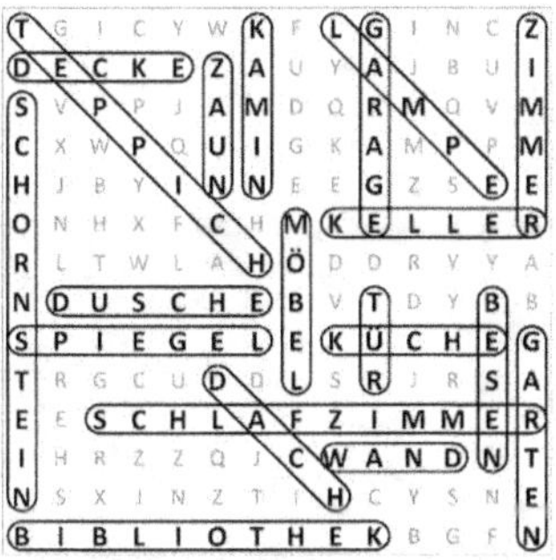

95 - Kleuren

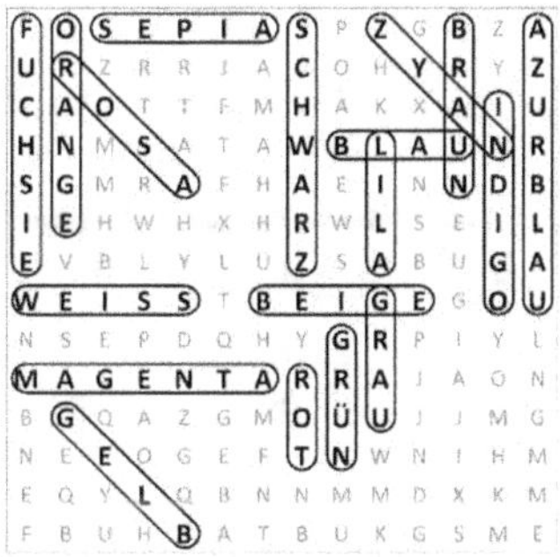

96 - Verjaardag

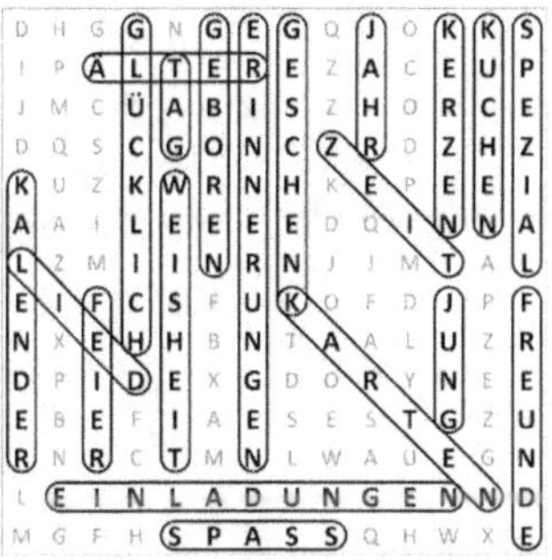

97 - Getallen

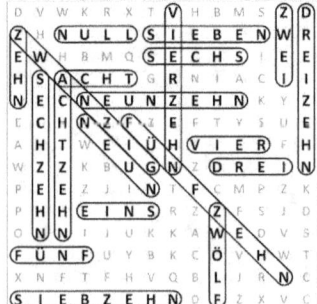

98 - Boerderij #2

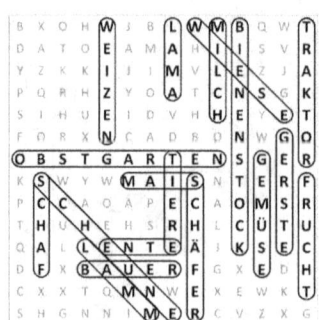

99 - Voeding

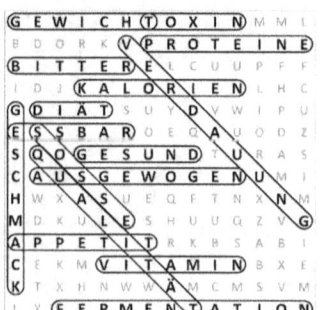

Woordenboek

Activiteiten
Aktivitäten

Activiteit	Aktivität
Ambachten	Kunsthandwerk
Dansen	Tanzen
Fotografie	Fotografie
Games	Spiele
Hengelsport	Angeln
Jacht	Jagd
Kamperen	Camping
Keramiek	Keramik
Kunst	Kunst
Lezen	Lesen
Magie	Magie
Naaien	Nähen
Ontspanning	Entspannung
Plezier	Vergnügen
Schilderij	Gemälde
Tuinieren	Gartenarbeit
Vaardigheid	Fähigkeit
Vrije Tijd	Freizeit
Wandelen	Wandern

Activiteiten en Vrije Ti
Aktivitäten und Freizeit

Basketbal	Basketball
Boksen	Boxen
Duiken	Tauchen
Golf	Golf
Hengelsport	Angeln
Hobby	Hobbies
Honkbal	Baseball
Kamperen	Camping
Kunst	Kunst
Ontspannen	Entspannend
Racen	Rennen
Reis	Reise
Schilderij	Gemälde
Surfen	Surfen
Tennis	Tennis
Tuinieren	Gartenarbeit
Voetbal	Fussball
Volleybal	Volleyball
Wandelen	Wandern
Zwemmen	Schwimmen

Antarctica
Antarktis

Baai	Bucht
Behoud	Erhaltung
Continent	Kontinent
Eilanden	Inseln
Expeditie	Expedition
Geografie	Geographie
Gletsjers	Gletscher
Ijs	Eis
Migratie	Migration
Mineralen	Mineralien
Omgeving	Umwelt
Onderzoeker	Forscher
Pinguïn	Pinguine
Rotsachtig	Felsig
Schiereiland	Halbinsel
Soort	Art
Temperatuur	Temperatur
Topografie	Topographie
Water	Wasser
Wolken	Wolken

Astronomie
Astronomie

Aarde	Erde
Asteroïde	Asteroid
Astronaut	Astronaut
Astronoom	Astronom
Dierenriem	Tierkreis
Komeet	Komet
Kosmos	Kosmos
Maan	Mond
Meteoor	Meteor
Nevel	Nebel
Observatorium	Observatorium
Planeet	Planet
Raket	Rakete
Satelliet	Satellit
Ster	Stern
Sterrenbeeld	Konstellation
Straling	Strahlung
Telescoop	Teleskop
Universum	Universum
Zwaartekracht	Schwerkraft

Avontuur
Abenteuer

Activiteit	Aktivität
Bestemming	Ziel
Enthousiasme	Begeisterung
Excursie	Ausflug
Gevaarlijk	Gefährlich
Kans	Chance
Moed	Tapferkeit
Moeilijkheid	Schwierigkeit
Natuur	Natur
Navigatie	Navigation
Nieuw	Neu
Ongewoon	Ungewöhnlich
Reisplan	Route
Reizen	Reisen
Schoonheid	Schönheit
Veiligheid	Sicherheit
Verrassend	Überraschend
Voorbereiding	Vorbereitung
Vreugde	Freude
Vrienden	Freunde

Ballet
Ballett

Applaus	Applaus
Artistiek	Künstlerisch
Ballerina	Ballerina
Choreografie	Choreographie
Componist	Komponist
Dansers	Tänzer
Expressief	Ausdrucksvoll
Gebaar	Geste
Intensiteit	Intensität
Muziek	Musik
Orkest	Orchester
Praktijk	Praxis
Publiek	Publikum
Repetitie	Probe
Ritme	Rhythmus
Sierlijk	Anmutig
Spieren	Muskel
Stijl	Stil
Techniek	Technik
Vaardigheid	Fähigkeit

Barbecues
Barbecues

Diner	Abendessen
Familie	Familie
Fruit	Frucht
Grill	Grill
Groente	Gemüse
Heet	Heiss
Honger	Hunger
Kip	Huhn
Lunch	Mittagessen
Messen	Messer
Muziek	Musik
Peper	Pfeffer
Salades	Salate
Saus	Sosse
Tomaten	Tomaten
Uien	Zwiebeln
Uitnodiging	Einladung
Vorken	Gabeln
Zomer	Sommer
Zout	Salz

Beeldende Kunsten
Bildende Kunst

Architectuur	Architektur
Artiest	Künstler
Beeldhouwwerk	Skulptur
Creativiteit	Kreativität
Ezel	Staffelei
Film	Film
Foto	Foto
Houtskool	Holzkohle
Keramiek	Keramik
Klei	Ton
Krijt	Kreide
Meesterwerk	Meisterwerk
Pen	Stift
Perspectief	Perspektive
Portret	Porträt
Potlood	Bleistift
Schilderij	Gemälde
Stencil	Schablone
Vernis	Lack
Was	Wachs

Behoud
Erhaltung

Chemicaliën	Chemikalien
Duurzaam	Nachhaltig
Ecosysteem	Ökosystem
Fiets	Zyklus
Gezondheid	Gesundheit
Groen	Grün
Habitat	Lebensraum
Klimaat	Klima
Milieu	Umwelt
Natuurlijk	Natürlich
Onderwijs	Bildung
Organisch	Organisch
Pesticide	Pestizid
Recycleren	Recyceln
Verminderen	Reduzieren
Vervuiling	Verschmutzung
Vrijwilliger	Freiwillige
Water	Wasser

Beroepen #1
Berufe #1

Advocaat	Rechtsanwalt
Ambassadeur	Botschafter
Apotheker	Apotheker
Astronoom	Astronom
Atleet	Athlet
Bankier	Bankier
Brandweerman	Feuerwehrmann
Cartograaf	Kartograph
Danser	Tänzer
Dierenarts	Tierarzt
Dokter	Arzt
Editor	Editor
Geoloog	Geologe
Jager	Jäger
Juwelier	Juwelier
Loodgieter	Klempner
Monteur	Mechaniker
Muzikant	Musiker
Pianist	Pianist
Psycholoog	Psychologe

Beroepen #2
Berufe #2

Arts	Arzt
Astronaut	Astronaut
Bibliothecaris	Bibliothekar
Bioloog	Biologe
Boer	Bauer
Chirurg	Chirurg
Detective	Detektiv
Filosoof	Philosoph
Fotograaf	Fotograf
Illustrator	Illustrator
Ingenieur	Ingenieur
Journalist	Journalist
Leraar	Lehrer
Linguïst	Linguist
Onderzoeker	Forscher
Piloot	Pilot
Schilder	Maler
Tandarts	Zahnarzt
Tuinman	Gärtner
Uitvinder	Erfinder

Bijen
Bienen

Bestuiver	Bestäuber
Bijenkorf	Bienenkorb
Bloemen	Blumen
Bloesem	Blüte
Diversiteit	Vielfalt
Ecosysteem	Ökosystem
Fruit	Frucht
Habitat	Lebensraum
Honing	Honig
Insect	Insekt
Koningin	Königin
Rook	Rauch
Stuifmeel	Pollen
Tuin	Garten
Vleugels	Flügel
Voedsel	Essen
Voordelig	Vorteilhaft
Was	Wachs
Zon	Sonne
Zwerm	Schwarm

Bijvoeglijke Naamwoorden
Adjektive #1

Aantrekkelijk	Attraktiv
Actief	Aktiv
Ambitieus	Ehrgeizig
Aromatisch	Aromatisch
Artistiek	Künstlerisch
Belangrijk	Wichtig
Diep	Tief
Donker	Dunkel
Dun	Dünn
Eerlijk	Ehrlich
Exotisch	Exotisch
Identiek	Identisch
Jong	Jung
Lang	Lang
Langzaam	Langsam
Modern	Modern
Onschuldig	Unschuldig
Perfect	Perfekt
Waardevol	Wertvoll
Zwaar	Schwer

Bijvoeglijke Naamwoorden
Adjektive #2

Authentiek	Authentisch
Begaafd	Begabt
Beschrijvend	Beschreibend
Creatief	Kreativ
Dramatisch	Dramatisch
Gezond	Gesund
Hongerig	Hungrig
Interessant	Interessant
Moe	Müde
Natuurlijk	Natürlich
Nieuw	Neu
Normaal	Normal
Productief	Produktiv
Slaperig	Schläfrig
Sterk	Stark
Trots	Stolz
Vers	Frisch
Wild	Wild
Zout	Salzig
Zuiver	Rein

Bloemen
Blumen

Bloemblad	Blütenblatt
Boeket	Strauss
Gardenia	Gardenie
Hibiscus	Hibiskus
Jasmijn	Jasmin
Klaver	Klee
Lavendel	Lavendel
Lelie	Lilie
Lila	Lila
Madeliefje	Gänseblümchen
Magnolia	Magnolie
Orchidee	Orchidee
Paardebloem	Löwenzahn
Papaver	Mohn
Passiebloem	Passionsblume
Pioenroos	Pfingstrose
Plumeria	Plumeria
Roos	Rose
Tulp	Tulpe
Zonnebloem	Sonnenblume

Boeken
Bücher

Auteur	Autor
Avontuur	Abenteuer
Bladzijde	Seite
Collectie	Kollektion
Context	Kontext
Dualiteit	Dualität
Episch	Episch
Gedicht	Gedicht
Geschreven	Geschrieben
Historisch	Historisch
Humoristisch	Humorvoll
Inventief	Erfinderisch
Lezer	Leser
Literair	Literarisch
Poëzie	Poesie
Relevant	Relevant
Roman	Roman
Tragisch	Tragisch
Verhaal	Geschichte
Verteller	Erzähler

Boerderij #1
Bauernhof #1

Bij	Biene
Ezel	Esel
Geit	Ziege
Hek	Zaun
Hond	Hund
Honing	Honig
Hooi	Heu
Kalf	Kalb
Kat	Katze
Kip	Huhn
Koe	Kuh
Kraai	Krähe
Kudde	Herde
Mest	Dünger
Paard	Pferd
Rijst	Reis
Varken	Schwein
Veld	Feld
Water	Wasser
Zaden	Saat

Boerderij #2
Bauernhof #2

Bijenkorf	Bienenstock
Boer	Bauer
Boomgaard	Obstgarten
Dieren	Tiere
Eend	Ente
Fruit	Frucht
Gerst	Gerste
Groente	Gemüse
Herder	Schäfer
Irrigatie	Bewässerung
Lam	Lamm
Lama	Lama
Maïs	Mais
Melk	Milch
Schaap	Schaf
Schuur	Scheune
Tarwe	Weizen
Tractor	Traktor
Weide	Wiese
Windmolen	Windmühle

Boten
Boote

Anker	Anker
Bemanning	Crew
Boei	Boje
Dok	Dock
Golven	Wellen
Jacht	Yacht
Kajak	Kajak
Kano	Kanu
Mast	Mast
Meer	See
Motor	Motor
Nautisch	Nautisch
Oceaan	Ozean
Reddingsboot	Rettungsboot
Rivier	Fluss
Touw	Seil
Veerboot	Fähre
Vlot	Floss
Zee	Meer
Zeilboot	Segelboot

Camping
Camping

Avontuur	Abenteuer
Berg	Berg
Bomen	Bäume
Bos	Wald
Brand	Feuer
Cabine	Kabine
Dieren	Tiere
Hangmat	Hängematte
Hoed	Hut
Insect	Insekt
Jacht	Jagd
Kaart	Karte
Kano	Kanu
Kompas	Kompass
Lantaarn	Laterne
Maan	Mond
Meer	See
Natuur	Natur
Tent	Zelt
Touw	Seil

Chocolade
Schokolade

Antioxidant	Antioxidans
Aroma	Aroma
Artisanaal	Handwerklich
Bitter	Bitter
Cacao	Kakao
Calorieën	Kalorien
Exotisch	Exotisch
Favoriet	Favorit
Heerlijk	Köstlich
Ingrediënt	Zutat
Karamel	Karamell
Kokosnoot	Kokosnuss
Kwaliteit	Qualität
Pinda'S	Erdnüsse
Poeder	Pulver
Recept	Rezept
Smaak	Geschmack
Suiker	Zucker
Verlangen	Verlangen
Zoet	Süss

Circus
Zirkus

Aap	Affe
Acrobaat	Akrobat
Ballonnen	Ballons
Clown	Clown
Dieren	Tiere
Goochelaar	Zauberer
Jongleur	Jongleur
Kaartje	Fahrkarte
Kostuum	Kostüm
Leeuw	Löwe
Magie	Magie
Muziek	Musik
Olifant	Elefant
Parade	Parade
Spectaculair	Spektakulär
Tent	Zelt
Tijger	Tiger
Toeschouwer	Zuschauer
Truc	Trick
Vermaken	Unterhalten

Dagen en Maanden
Tage und Monate

Augustus	August
Dinsdag	Dienstag
Donderdag	Donnerstag
Februari	Februar
Jaar	Jahr
Januari	Januar
Juli	Juli
Juni	Juni
Kalender	Kalender
Maand	Monat
Maandag	Montag
Maart	März
November	November
Oktober	Oktober
September	September
Vrijdag	Freitag
Week	Woche
Woensdag	Mittwoch
Zaterdag	Samstag
Zondag	Sonntag

Dans
Tanzen

Academie	Akademie
Beweging	Bewegung
Blij	Freudig
Choreografie	Choreographie
Cultureel	Kulturell
Cultuur	Kultur
Emotie	Emotion
Expressief	Ausdrucksvoll
Genade	Anmut
Houding	Haltung
Klassiek	Klassisch
Kunst	Kunst
Lichaam	Körper
Muziek	Musik
Partner	Partner
Repetitie	Probe
Ritme	Rhythmus
Springen	Springen
Traditioneel	Traditionell
Visueel	Visuell

Dinosaurussen
Dinosaurier

Aarde	Erde
Enorm	Enorm
Evolutie	Evolution
Fossielen	Fossilien
Groot	Gross
Grootte	Grösse
Mammoet	Mammut
Omnivoor	Allesfresser
Prehistorisch	Prähistorisch
Prooi	Beute
Reptiel	Reptil
Roofvogel	Raubvogel
Soort	Art
Staart	Schwanz
Verdwijning	Verschwinden
Vicieuze	Bösartig
Vleugels	Flügel

Ecologie
Ökologie

Bergen	Berge
Diversiteit	Vielfalt
Droogte	Dürre
Duurzaam	Nachhaltig
Fauna	Fauna
Flora	Flora
Gemeenschappen	Gemeinschaft
Globaal	Global
Habitat	Lebensraum
Klimaat	Klima
Marinier	Marine
Moeras	Sumpf
Natuur	Natur
Natuurlijk	Natürlich
Overleving	Überleben
Planten	Pflanzen
Soort	Art
Vegetatie	Vegetation
Vrijwilligers	Freiwillige

Emoties
Emotionen

Angst	Angst
Beschaamd	Beschämt
Dankbaar	Dankbar
Droefheid	Traurigkeit
Inhoud	Inhalt
Kalm	Ruhig
Liefde	Liebe
Ontspannen	Entspannt
Opgewonden	Aufgeregt
Opluchting	Relief
Rust	Ruhe
Sympathie	Sympathie
Tederheid	Zärtlichkeit
Tevreden	Zufrieden
Verrassing	Überraschen
Verveling	Langeweile
Vrede	Frieden
Vreugde	Freude
Woede	Wut

Eten #1
Essen #1

Aardbei	Erdbeere
Abrikoos	Aprikose
Basilicum	Basilikum
Citroen	Zitrone
Gerst	Gerste
Kaneel	Zimt
Knoflook	Knoblauch
Melk	Milch
Peer	Birne
Pinda	Erdnuss
Salade	Salat
Sap	Saft
Soep	Suppe
Spinazie	Spinat
Suiker	Zucker
Tonijn	Thunfisch
Ui	Zwiebel
Vlees	Fleisch
Wortel	Karotte
Zout	Salz

Eten #2
Essen #2

Amandel	Mandel
Ananas	Ananas
Appel	Apfel
Asperge	Spargel
Aubergine	Aubergine
Banaan	Banane
Broccoli	Brokkoli
Brood	Brot
Druif	Traube
Ei	Ei
Ham	Schinken
Kaas	Käse
Kip	Huhn
Kiwi	Kiwi
Perzik	Pfirsich
Rijst	Reis
Tarwe	Weizen
Tomaat	Tomate
Vis	Fisch
Yoghurt	Joghurt

Exploratie
Erforschung

Activiteit	Aktivität
Culturen	Kulturen
Dieren	Tiere
Gevaarlijk	Gefährlich
Gevaren	Gefahren
Leren	Lernen
Moed	Mut
Nieuw	Neu
Onbekend	Unbekannt
Ontdekking	Entdeckung
Opwinding	Aufregung
Reis	Reise
Ruimte	Raum
Taal	Sprache
Terrein	Gelände
Uitputting	Erschöpfung
Ver	Fern
Wild	Wild

Familie
Familie

Broer	Bruder
Dochter	Tochter
Grootmoeder	Grossmutter
Jeugd	Kindheit
Kind	Kind
Kinderen	Kinder
Kleinzoon	Enkel
Man	Ehemann
Moeder	Mutter
Neef	Neffe
Nicht	Nichte
Oom	Onkel
Opa	Grossvater
Tante	Tante
Tweeling	Zwillinge
Vader	Vater
Vaderlijk	Väterlich
Voorouder	Vorfahr
Vrouw	Ehefrau
Zus	Schwester

Fruit
Obst

Abrikoos	Aprikose
Ananas	Ananas
Appel	Apfel
Avocado	Avocado
Banaan	Banane
Bes	Beere
Citroen	Zitrone
Druif	Traube
Framboos	Himbeere
Kers	Kirsche
Kiwi	Kiwi
Kokosnoot	Kokosnuss
Mango	Mango
Meloen	Melone
Nectarine	Nektarine
Oranje	Orange
Papaja	Papaya
Peer	Birne
Perzik	Pfirsich
Pruim	Pflaume

Gebouwen
Gebäude

Ambassade	Botschaft
Appartement	Apartment
Bioscoop	Kino
Boerderij	Bauernhof
Cabine	Kabine
Fabriek	Fabrik
Hotel	Hotel
Kasteel	Schloss
Laboratorium	Labor
Museum	Museum
Observatorium	Observatorium
School	Schule
Schuur	Scheune
Stadion	Stadion
Supermarkt	Supermarkt
Tent	Zelt
Theater	Theater
Toren	Turm
Universiteit	Universität
Ziekenhuis	Krankenhaus

Geografie
Geographie

Atlas	Atlas
Berg	Berg
Breedtegraad	Breite
Continent	Kontinent
Eiland	Insel
Evenaar	Äquator
Halfrond	Hemisphäre
Hoogte	Höhe
Kaart	Karte
Land	Land
Meridiaan	Meridian
Noorden	Norden
Oceaan	Ozean
Regio	Region
Rivier	Fluss
Stad	Stadt
Wereld	Welt
Westen	West
Zee	Meer
Zuiden	Süden

Geologie
Geologie

Aardbeving	Erdbeben
Calcium	Kalzium
Continent	Kontinent
Erosie	Erosion
Fossiel	Fossil
Geiser	Geysir
Gesmolten	Geschmolzen
Grot	Höhle
Koraal	Koralle
Kristallen	Kristalle
Kwarts	Quarz
Laag	Schicht
Lava	Lava
Plateau	Plateau
Stalactiet	Stalaktit
Steen	Stein
Vulkaan	Vulkan
Zone	Zone
Zout	Salz
Zuur	Säure

Getallen
Zahlen

Acht	Acht
Achttien	Achtzehn
Dertien	Dreizehn
Drie	Drei
Een	Eins
Negen	Neun
Negentien	Neunzehn
Nul	Null
Tien	Zehn
Twaalf	Zwölf
Twee	Zwei
Twintig	Zwanzig
Veertien	Vierzehn
Vier	Vier
Vijf	Fünf
Vijftien	Fünfzehn
Zes	Sechs
Zestien	Sechzehn
Zeven	Sieben
Zeventien	Siebzehn

Groenten
Gemüse

Artisjok	Artischocke
Aubergine	Aubergine
Broccoli	Brokkoli
Erwt	Erbse
Gember	Ingwer
Knoflook	Knoblauch
Komkommer	Gurke
Olijf	Olive
Paddestoel	Pilz
Peterselie	Petersilie
Pompoen	Kürbis
Raap	Rübe
Radijs	Rettich
Salade	Salat
Selderij	Sellerie
Sjalot	Schalotte
Spinazie	Spinat
Tomaat	Tomate
Ui	Zwiebel
Wortel	Karotte

Haartypes
Haartypen

Blond	Blond
Bruin	Braun
Dik	Dick
Droog	Trocken
Dun	Dünn
Gekleurd	Farbig
Gevlochten	Geflochten
Gezond	Gesund
Golvend	Wellig
Grijs	Grau
Hoofdhuid	Kopfhaut
Kaal	Kahl
Kort	Kurz
Krullen	Locken
Krullend	Lockig
Lang	Lang
Wit	Weiss
Zacht	Weich
Zilver	Silber
Zwart	Schwarz

Herbalisme
Kräuterkunde

Aromatisch	Aromatisch
Basilicum	Basilikum
Bloem	Blume
Culinair	Kulinarisch
Dille	Dill
Dragon	Estragon
Groen	Grün
Ingrediënt	Zutat
Knoflook	Knoblauch
Kwaliteit	Qualität
Lavendel	Lavendel
Marjolein	Majoran
Oregano	Oregano
Peterselie	Petersilie
Rozemarijn	Rosmarin
Saffraan	Safran
Smaak	Geschmack
Tijm	Thymian
Tuin	Garten
Venkel	Fenchel

Huis
Haus

Bezem	Besen
Bibliotheek	Bibliothek
Dak	Dach
Deur	Tür
Douche	Dusche
Garage	Garage
Haard	Kamin
Hek	Zaun
Kamer	Zimmer
Kelder	Keller
Keuken	Küche
Lamp	Lampe
Meubilair	Möbel
Muur	Wand
Plafond	Decke
Schoorsteen	Schornstein
Slaapkamer	Schlafzimmer
Spiegel	Spiegel
Tapijt	Teppich
Tuin	Garten

Huisdieren
Haustiere

Dierenarts	Tierarzt
Geit	Ziege
Hagedis	Eidechse
Hamster	Hamster
Hond	Hund
Kat	Katze
Katje	Kätzchen
Klauwen	Krallen
Koe	Kuh
Konijn	Hase
Kraag	Kragen
Muis	Maus
Papegaai	Papagei
Poten	Pfoten
Puppy	Welpe
Schildpad	Schildkröte
Staart	Schwanz
Vis	Fisch
Voedsel	Essen
Water	Wasser

Hulpmiddelen
Tools

Bijl	Axt
Fakkel	Fackel
Hamer	Hammer
Heerser	Lineal
Kabel	Kabel
Ladder	Leiter
Lijm	Leim
Mes	Messer
Nietje	Heftklammer
Nietmachine	Hefter
Schaar	Schere
Scheermes	Rasierer
Schop	Schaufel
Schroef	Schraube
Tang	Zange
Touw	Seil
Wiel	Rad

Insecten
Insekten

Bij	Biene
Bladluis	Blattlaus
Cicade	Zikade
Horzel	Hornisse
Kakkerlak	Kakerlake
Kever	Käfer
Larve	Larve
Libel	Libelle
Mier	Ameise
Mot	Motte
Mug	Mücke
Sprinkhaan	Heuschrecke
Termiet	Termite
Vlinder	Schmetterling
Vlo	Floh
Wesp	Wespe
Worm	Wurm

Installaties
Pflanzen

Bamboe	Bambus
Bes	Beere
Blad	Blatt
Bloem	Blume
Boom	Baum
Boon	Bohne
Bos	Wald
Cactus	Kaktus
Flora	Flora
Gebladerte	Laub
Gras	Gras
Klimop	Efeu
Kruid	Kraut
Mest	Dünger
Mos	Moos
Plantkunde	Botanik
Struik	Busch
Tuin	Garten
Vegetatie	Vegetation
Wortel	Wurzel

Kampioenschap
Meisterschaft

Ademen	Atmen
Finalist	Finalist
Games	Spiele
Kampioen	Champion
Kampioenschap	Meisterschaft
Liga	Liga
Medaille	Medaille
Motivatie	Motivation
Prestatie	Performance
Rechter	Richter
Sport	Sport
Strategie	Strategie
Team	Mannschaft
Toernooi	Turnier
Trainer	Trainer
Transpiratie	Schweiss
Zege	Sieg

Kastelen
Schlösser

Draak	Drache
Dynastie	Dynastie
Edele	Edel
Eenhoorn	Einhorn
Feodaal	Feudal
Harnas	Rüstung
Katapult	Katapult
Kerker	Kerker
Koninkrijk	Königreich
Kroon	Krone
Muur	Wand
Paard	Pferd
Paleis	Palast
Prins	Prinz
Prinses	Prinzessin
Ridder	Ritter
Rijk	Reich
Schild	Schild
Toren	Turm
Zwaard	Schwert

Katten
Katzen

Bont	Fell
Garen	Garn
Gek	Verrückt
Grappig	Komisch
Jager	Jäger
Klauw	Kralle
Klein	Wenig
Muis	Maus
Nieuwsgierig	Neugierig
Onafhankelijk	Unabhängig
Poot	Pfote
Slaap	Schlafen
Snel	Schnell
Speels	Verspielt
Staart	Schwanz
Verlegen	Schüchtern
Wild	Wild

Keuken
Küche

Cup	Tassen
Eetstokjes	Essstäbchen
Grill	Grill
Ketel	Wasserkocher
Koelkast	Kühlschrank
Kom	Schüssel
Kruik	Krug
Lepels	Löffel
Messen	Messer
Oven	Ofen
Pollepel	Kelle
Recept	Rezept
Schort	Schürze
Servet	Serviette
Specerijen	Gewürze
Spons	Schwamm
Voedsel	Essen
Vorken	Gabeln

Kleding
Kleidung

Armband	Armband
Blouse	Bluse
Broek	Hose
Handschoenen	Handschuhe
Hoed	Hut
Jas	Mantel
Jasje	Jacke
Jurk	Kleid
Ketting	Halskette
Mode	Mode
Pyjama	Schlafanzug
Riem	Gürtel
Rok	Rock
Sandalen	Sandalen
Schoen	Schuh
Schort	Schürze
Shirt	Hemd
Sjaal	Schal
Sokken	Socken
Trui	Pullover

Kleuren
Farben

Azuur	Azurblau
Beige	Beige
Blauw	Blau
Bruin	Braun
Cyaan	Zyan
Fuchsia	Fuchsie
Geel	Gelb
Grijs	Grau
Groen	Grün
Indigo	Indigo
Magenta	Magenta
Oranje	Orange
Paars	Lila
Rood	Rot
Roze	Rosa
Sepia	Sepia
Wit	Weiss
Zwart	Schwarz

Klimmen
Klettern

Atmosfeer	Atmosphäre
Deskundige	Experte
Fysiek	Physisch
Gidsen	Führer
Grot	Höhle
Handschoenen	Handschuhe
Helm	Helm
Hoogte	Höhe
Kaart	Karte
Kracht	Stärke
Laarzen	Stiefel
Letsel	Verletzung
Nieuwsgierigheid	Neugier
Opleiding	Ausbildung
Smal	Schmal
Stabiliteit	Stabilität
Terrein	Gelände
Wandelen	Wandern

Kunst
Kunst

Beeldhouwwerk	Skulptur
Complex	Komplex
Creëren	Schaffen
Eenvoudig	Einfach
Eerlijk	Ehrlich
Geïnspireerd	Inspiriert
Humeur	Stimmung
Keramisch	Keramik
Onderwerp	Gegenstand
Origineel	Original
Persoonlijk	Persönlich
Poëzie	Poesie
Portretteren	Porträtieren
Schilderijen	Gemälde
Surrealisme	Surrealismus
Symbool	Symbol
Uitdrukking	Ausdruck
Visueel	Visuell

Kunstbenodigdheden
Kunst Liefert

Acryl	Acryl
Borstels	Bürsten
Camera	Kamera
Creativiteit	Kreativität
Ezel	Staffelei
Gom	Radiergummi
Houtskool	Holzkohle
Ideeën	Ideen
Inkt	Tinte
Klei	Ton
Kleuren	Farben
Lijm	Leim
Olie	Öl
Papier	Papier
Potloden	Bleistifte
Stoel	Stuhl
Tafel	Tabelle
Water	Wasser

Landen #2
Länder #2

Denemarken	Dänemark
Ethiopië	Äthiopien
Frankrijk	Frankreich
Griekenland	Griechenland
Ierland	Irland
Indonesië	Indonesien
Japan	Japan
Kenia	Kenia
Laos	Laos
Libanon	Libanon
Liberia	Liberia
Maleisië	Malaysia
Mexico	Mexiko
Nepal	Nepal
Nigeria	Nigeria
Oeganda	Uganda
Oekraïne	Ukraine
Rusland	Russland
Somalië	Somalia
Syrië	Syrien

Landschappen
Landschaften

Berg	Berg
Eiland	Insel
Geiser	Geysir
Gletsjer	Gletscher
Grot	Höhle
Heuvel	Hügel
IJsberg	Eisberg
Meer	See
Moeras	Sumpf
Oase	Oase
Oceaan	Ozean
Rivier	Fluss
Schiereiland	Halbinsel
Strand	Strand
Toendra	Tundra
Vallei	Tal
Vulkaan	Vulkan
Waterval	Wasserfall
Woestijn	Wüste
Zee	Meer

Literatuur
Literatur

Analogie	Analogie
Analyse	Analyse
Anekdote	Anekdote
Auteur	Autor
Biografie	Biographie
Dialoog	Dialog
Fictie	Fiktion
Gedicht	Gedicht
Mening	Meinung
Metafoor	Metapher
Omschrijving	Beschreibung
Poëtisch	Poetisch
Rijm	Reim
Ritme	Rhythmus
Roman	Roman
Stijl	Stil
Thema	Thema
Tragedie	Tragödie
Vergelijking	Vergleich
Verteller	Erzähler

Meditatie
Meditation

Aanvaarding	Annahme
Ademhaling	Atmung
Beweging	Bewegung
Dankbaarheid	Dankbarkeit
Gedachten	Gedanken
Geest	Verstand
Geluk	Glück
Helderheid	Klarheit
Houding	Haltung
Inzicht	Einblick
Kalm	Ruhig
Leren	Lernen
Mededogen	Mitgefühl
Mentaal	Geistig
Muziek	Musik
Natuur	Natur
Perspectief	Perspektive
Stilte	Stille
Vrede	Frieden
Wakker	Wach

Meer Informatie
Science Fiction

Bioscoop	Kino
Boeken	Bücher
Brand	Feuer
Denkbeeldig	Imaginär
Dystopie	Dystopie
Explosie	Explosion
Extreem	Extrem
Fantastisch	Fantastisch
Futuristisch	Futuristisch
Illusie	Illusion
Mysterieus	Geheimnisvoll
Orakel	Orakel
Planeet	Planet
Realistisch	Realistisch
Robots	Roboter
Scenario	Szenario
Sterrenstelsel	Galaxie
Technologie	Technologie
Utopie	Utopie
Wereld	Welt

Menselijk Lichaam
Menschlicher Körper

Been	Bein
Bloed	Blut
Elleboog	Ellbogen
Enkel	Knöchel
Hand	Hand
Hart	Herz
Hersenen	Gehirn
Hoofd	Kopf
Huid	Haut
Kaak	Kiefer
Kin	Kinn
Knie	Knie
Maag	Magen
Mond	Mund
Nek	Hals
Neus	Nase
Oor	Ohr
Schouder	Schulter
Tong	Zunge
Vinger	Finger

Metingen
Messungen

Breedte	Breite
Byte	Byte
Centimeter	Zentimeter
Decimaal	Dezimal
Diepte	Tiefe
Gewicht	Gewicht
Graad	Grad
Gram	Gramm
Hoogte	Höhe
Inch	Zoll
Kilogram	Kilogramm
Kilometer	Kilometer
Lengte	Länge
Liter	Liter
Massa	Masse
Meter	Meter
Minuut	Minute
Ons	Unze
Ton	Tonne
Volume	Volumen

Meubels
Möbel

Bank	Bank
Bed	Bett
Boekenkast	Bücherregal
Bureau	Schreibtisch
Dekbedden	Bettdecke
Dressoir	Kommode
Fauteuil	Sessel
Futon	Futon
Gordijnen	Vorhang
Hangmat	Hängematte
Kussen	Kissen
Lamp	Lampe
Matras	Matratze
Planken	Regal
Spiegel	Spiegel
Stoel	Stuhl
Tapijt	Teppich

Muziekinstrumenten
Musikinstrumente

Banjo	Banjo
Cello	Cello
Fagot	Fagott
Fluit	Flöte
Gitaar	Gitarre
Gong	Gong
Harp	Harfe
Hobo	Oboe
Klarinet	Klarinette
Mandoline	Mandoline
Marimba	Marimba
Mondharmonica	Mundharmonika
Percussie	Schlagzeug
Piano	Klavier
Saxofoon	Saxophon
Tamboerijn	Tamburin
Trombone	Posaune
Trommel	Trommel
Trompet	Trompete
Viool	Geige

Mythologie
Mythologie

Archetype	Archetyp
Bliksem	Blitz
Creatie	Kreation
Cultuur	Kultur
Donder	Donner
Doolhof	Labyrinth
Gedrag	Verhalten
Held	Held
Heldin	Heldin
Hemel	Himmel
Jaloezie	Eifersucht
Kracht	Stärke
Krijger	Krieger
Legende	Legende
Magisch	Magisch
Monster	Monster
Ramp	Katastrophe
Sterfelijk	Sterblich
Wezen	Kreatur
Wraak	Rache

Natuur
Natur

Arctisch	Arktis
Bergen	Berge
Bijen	Bienen
Bos	Wald
Dieren	Tiere
Dynamisch	Dynamisch
Erosie	Erosion
Gebladerte	Laub
Gletsjer	Gletscher
Heiligdom	Heiligtum
Mist	Nebel
Rivier	Fluss
Schoonheid	Schönheit
Schuilplaats	Schutz
Sereen	Heiter
Tropisch	Tropisch
Vitaal	Lebenswichtig
Wild	Wild
Woestijn	Wüste
Wolken	Wolken

Oceaan
Ozean

Aal	Aal
Algen	Algen
Boot	Boot
Dolfijn	Delfin
Garnaal	Garnele
Getijden	Gezeiten
Haai	Hai
Koraal	Koralle
Krab	Krabbe
Kwal	Qualle
Octopus	Krake
Oester	Auster
Rif	Riff
Schildpad	Schildkröte
Spons	Schwamm
Storm	Sturm
Tonijn	Thunfisch
Vis	Fisch
Walvis	Wal
Zout	Salz

Om in te Vullen
Zu Füllen

Bekken	Becken
Buis	Rohr
Dienblad	Tablett
Doos	Box
Emmer	Eimer
Envelop	Umschlag
Fles	Flasche
Karton	Karton
Koffer	Koffer
Krat	Kiste
Lade	Schublade
Mand	Korb
Map	Mappe
Pakje	Paket
Pot	Krug
Vaas	Vase
Vat	Fass
Zak	Tasche

Piraten
Piraten

Anker	Anker
Avontuur	Abenteuer
Bemanning	Crew
Eiland	Insel
Gevaar	Gefahr
Goud	Gold
Grot	Höhle
Kaart	Karte
Kapitein	Kapitän
Kompas	Kompass
Legende	Legende
Litteken	Narbe
Oceaan	Ozean
Papegaai	Papagei
Rum	Rum
Schat	Schatz
Slecht	Schlecht
Strand	Strand
Vlag	Flagge
Zwaard	Schwert

Regenwoud
Regenwald

Amfibieën	Amphibien
Botanisch	Botanisch
Diversiteit	Vielfalt
Gemeenschap	Gemeinschaft
Inheems	Einheimisch
Insecten	Insekten
Jungle	Dschungel
Klimaat	Klima
Mos	Moos
Natuur	Natur
Overleving	Überleben
Respect	Respekt
Soort	Art
Toevlucht	Zuflucht
Vogels	Vögel
Waardevol	Wertvoll
Wolken	Wolken
Zoogdieren	Säugetiere

Restaurant #1
Restaurant #1

Allergie	Allergie
Bord	Teller
Brood	Brot
Kassier	Kassierer
Keuken	Küche
Kip	Huhn
Koffie	Kaffee
Kom	Schüssel
Menu	Menü
Mes	Messer
Pittig	Würzig
Reservering	Reservierung
Saus	Sosse
Serveerster	Kellnerin
Servet	Serviette
Toetje	Dessert
Vlees	Fleisch
Voedsel	Essen

Restaurant #2
Restaurant #2

Cake	Kuchen
Diner	Abendessen
Drank	Getränk
Eieren	Eier
Fruit	Frucht
Groente	Gemüse
Heerlijk	Köstlich
Ijs	Eis
Lepel	Löffel
Lunch	Mittagessen
Noedels	Nudeln
Ober	Kellner
Salade	Salat
Soep	Suppe
Specerijen	Gewürze
Stoel	Stuhl
Vis	Fisch
Vork	Gabel
Water	Wasser
Zout	Salz

Rijden
Fahren

Auto	Auto
Brandstof	Brennstoff
Bus	Bus
Garage	Garage
Gas	Gas
Gevaar	Gefahr
Kaart	Karte
Licentie	Lizenz
Motor	Motor
Motorfiets	Motorrad
Ongeluk	Unfall
Politie	Polizei
Remmen	Bremsen
Straat	Strasse
Tunnel	Tunnel
Veiligheid	Sicherheit
Verkeer	Verkehr
Vervoer	Transport
Voetganger	Fussgänger
Vrachtauto	Lkw

Schaken
Schach

Diagonaal	Diagonal
Kampioen	Champion
Koning	König
Koningin	Königin
Leren	Lernen
Offer	Opfer
Passief	Passiv
Punten	Punkte
Reglement	Regeln
Slim	Klug
Spel	Spiel
Speler	Spieler
Strategie	Strategie
Tegenstander	Gegner
Tijd	Zeit
Toernooi	Turnier
Wedstrijd	Wettbewerb
Wit	Weiss
Zwart	Schwarz

School #1
Schule #1

Alfabet	Alphabet
Antwoorden	Antworten
Bibliotheek	Bibliothek
Boeken	Bücher
Bureau	Schreibtisch
Cijfers	Zahlen
Examens	Prüfungen
Klaslokaal	Klassenzimmer
Leraar	Lehrer
Leren	Lernen
Lunch	Mittagessen
Mappen	Ordner
Papier	Papier
Pennen	Stifte
Plezier	Spass
Potlood	Bleistift
Quiz	Quiz
Stoel	Stuhl
Vrienden	Freunde
Wiskunde	Mathematik

School #2
Schule #2

Academisch	Akademisch
Bibliotheek	Bibliothek
Boeken	Bücher
Bus	Bus
Computer	Computer
Grammatica	Grammatik
Kalender	Kalender
Leraar	Lehrer
Literatuur	Literatur
Onderwijs	Bildung
Papier	Papier
Pennen	Stifte
Potlood	Bleistift
Rugzak	Rucksack
Schaar	Schere
Schoenen	Schuhe
Weekend	Wochenende
Wetenschap	Wissenschaft
Wiskunde	Mathematik
Woordenboek	Wörterbuch

Specerijen
Gewürze

Anijs	Anis
Bitter	Bitter
Fenegriek	Bockshornklee
Gember	Ingwer
Kaneel	Zimt
Kardemom	Kardamom
Kerrie	Curry
Knoflook	Knoblauch
Komijn	Kreuzkümmel
Koriander	Koriander
Kruidnagel	Nelke
Nootmuskaat	Muskatnuss
Paprika	Paprika
Saffraan	Safran
Smaak	Geschmack
Ui	Zwiebel
Vanille	Vanille
Venkel	Fenchel
Zoet	Süss
Zout	Salz

Speelgoed
Spielzeuge

Ambachten	Kunsthandwerk
Auto	Auto
Bal	Ball
Boeken	Bücher
Boot	Boot
Drums	Schlagzeug
Favoriet	Favorit
Fiets	Fahrrad
Games	Spiele
Klei	Ton
Pop	Puppe
Puzzel	Puzzle
Robot	Roboter
Schaak	Schach
Trein	Zug
Verbeelding	Phantasie
Vlieger	Drachen
Vliegtuig	Flugzeug
Vrachtauto	Lkw

Sport
Sport

Atleet	Athlet
Basketbal	Basketball
Beweging	Bewegung
Fiets	Fahrrad
Golf	Golf
Gymnasium	Gymnasium
Gymnastiek	Gymnastik
Hockey	Eishockey
Honkbal	Baseball
Kampioenschap	Meisterschaft
Spel	Spiel
Speler	Spieler
Stadion	Stadion
Team	Mannschaft
Tennis	Tennis
Trainer	Trainer
Winnaar	Gewinner
Zwemmen	Schwimmen

Stad
Stadt

Apotheek	Apotheke
Bakkerij	Bäckerei
Bank	Bank
Bibliotheek	Bibliothek
Bioscoop	Kino
Bloemist	Blumenhändler
Boekhandel	Buchhandlung
Dierentuin	Zoo
Galerij	Galerie
Hotel	Hotel
Kliniek	Klinik
Luchthaven	Flughafen
Markt	Markt
Museum	Museum
School	Schule
Stadion	Stadion
Supermarkt	Supermarkt
Theater	Theater
Universiteit	Universität
Winkel	Geschäft

Strand
Strand

Blauw	Blau
Boot	Boot
Dok	Dock
Eiland	Insel
Handdoek	Handtuch
Krab	Krabbe
Kust	Küste
Lagune	Lagune
Oceaan	Ozean
Paraplu	Regenschirm
Rif	Riff
Sandalen	Sandalen
Vakantie	Urlaub
Zand	Sand
Zee	Meer
Zeilboot	Segelboot
Zon	Sonne
Zwemmen	Schwimmen

Surfen
Surfen

Atleet	Athlet
Beginner	Anfänger
Extreem	Extrem
Golf	Welle
Kampioen	Champion
Kracht	Stärke
Maag	Magen
Menigte	Mengen
Oceaan	Ozean
Peddelen	Paddel
Plezier	Spass
Populair	Beliebt
Rif	Riff
Schuim	Schaum
Spray	Spray
Stijl	Stil
Strand	Strand
Weer	Wetter
Zwemmen	Schwimmen

Technologie
Technologie

Bericht	Nachricht
Bestand	Datei
Blog	Blog
Browser	Browser
Bytes	Bytes
Camera	Kamera
Computer	Computer
Cursor	Cursor
Digitaal	Digital
Gegevens	Daten
Internet	Internet
Lettertype	Schriftart
Onderzoek	Forschung
Scherm	Bildschirm
Software	Software
Statistiek	Statistik
Veiligheid	Sicherheit
Virtueel	Virtuell
Virus	Virus

Tijd
Zeit

Dag	Tag
Decennium	Jahrzehnt
Eeuw	Jahrhundert
Gisteren	Gestern
Jaar	Jahr
Jaarlijks	Jährlich
Kalender	Kalender
Klok	Uhr
Maand	Monat
Middag	Mittag
Minuut	Minute
Na	Nach
Nacht	Nacht
Nu	Jetzt
Ochtend	Morgen
Toekomst	Zukunft
Uur	Stunde
Vandaag	Heute
Vroeg	Früh
Week	Woche

Tuin
Garten

Bank	Bank
Bloem	Blume
Bodem	Boden
Boom	Baum
Boomgaard	Obstgarten
Garage	Garage
Gazon	Rasen
Gras	Gras
Hangmat	Hängematte
Hark	Rechen
Hek	Zaun
Onkruid	Unkraut
Schop	Schaufel
Slang	Schlauch
Struik	Busch
Terras	Terrasse
Trampoline	Trampolin
Tuin	Garten
Veranda	Veranda
Vijver	Teich

Vakantie #1
Urlaub #1

Auto	Auto
Douane	Zoll
Expeditie	Expedition
Kaartje	Fahrkarte
Koffer	Koffer
Meer	See
Museum	Museum
Ontspanning	Entspannung
Paraplu	Regenschirm
Reisplan	Route
Rugzak	Rucksack
Toerist	Tourist
Tram	Strassenbahn
Valuta	Währung
Vertrek	Abreise
Vliegtuig	Flugzeug
Zwemmen	Schwimmen

Vakantie #2
Urlaub #2

Bestemming	Ziel
Buitenlander	Ausländer
Buitenlands	Ausländisch
Eiland	Insel
Hotel	Hotel
Kaart	Karte
Kamperen	Camping
Luchthaven	Flughafen
Paspoort	Pass
Reis	Reise
Restaurant	Restaurant
Strand	Strand
Taxi	Taxi
Tent	Zelt
Trein	Zug
Vakantie	Urlaub
Vervoer	Transport
Visum	Visum
Vrije Tijd	Freizeit
Zee	Meer

Verjaardag
Geburtstag

Cake	Kuchen
Dag	Tag
Geboren	Geboren
Gelukkig	Glücklich
Geschenk	Geschenk
Herinneringen	Erinnerungen
Jaar	Jahr
Jong	Jung
Kaarsen	Kerzen
Kaarten	Karten
Kalender	Kalender
Lied	Lied
Ouder	Älter
Plezier	Spass
Speciaal	Spezial
Tijd	Zeit
Uitnodigingen	Einladungen
Viering	Feier
Vrienden	Freunde
Wijsheid	Weisheit

Vissen
Angeln

Aas	Köder
Apparatuur	Ausrüstung
Boot	Boot
Draad	Draht
Geduld	Geduld
Gewicht	Gewicht
Haak	Haken
Kaak	Kiefer
Kieuwen	Kiemen
Kok	Kochen
Mand	Korb
Meer	See
Oceaan	Ozean
Overdrijving	Übertreibung
Rivier	Fluss
Seizoen	Jahreszeit
Strand	Strand
Vinnen	Flossen
Water	Wasser

Vliegtuigen
Flugzeuge

Afdaling	Abstieg
Atmosfeer	Atmosphäre
Avontuur	Abenteuer
Ballon	Ballon
Bemanning	Crew
Bouw	Konstruktion
Brandstof	Brennstoff
Geschiedenis	Geschichte
Hemel	Himmel
Hoogte	Höhe
Landen	Landung
Lucht	Luft
Motor	Motor
Navigeren	Navigieren
Ontwerp	Design
Passagier	Passagier
Piloot	Pilot
Richting	Richtung
Turbulentie	Turbulenz
Waterstof	Wasserstoff

Voeding
Ernährung

Bitter	Bitter
Calorieën	Kalorien
Dieet	Diät
Eetbaar	Essbar
Eetlust	Appetit
Eiwitten	Proteine
Evenwichtig	Ausgewogen
Fermentatie	Fermentation
Gewicht	Gewicht
Gezond	Gesund
Gezondheid	Gesundheit
Koolhydraten	Kohlenhydrate
Kwaliteit	Qualität
Saus	Sosse
Smaak	Geschmack
Spijsvertering	Verdauung
Toxine	Toxin
Vitamine	Vitamin
Vloeistoffen	Flüssigkeiten
Voedingsstof	Nährstoff

Voertuigen
Fahrzeuge

Ambulance	Krankenwagen
Auto	Auto
Banden	Reifen
Boot	Boot
Bus	Bus
Caravan	Wohnwagen
Fiets	Fahrrad
Helikopter	Hubschrauber
Metro	U-Bahn
Motor	Motor
Onderzeeër	U-Boot
Raket	Rakete
Scooter	Roller
Taxi	Taxi
Tractor	Traktor
Trein	Zug
Veerboot	Fähre
Vliegtuig	Flugzeug
Vlot	Floss
Vrachtauto	Lkw

Vogels
Vögel

Duif	Taube
Eend	Ente
Ei	Ei
Flamingo	Flamingo
Gans	Gans
Kip	Huhn
Koekoek	Kuckuck
Kraai	Krähe
Meeuw	Möwe
Mus	Spatz
Ooievaar	Storch
Papegaai	Papagei
Pauw	Pfau
Pelikaan	Pelikan
Pinguïn	Pinguin
Reiger	Reiher
Struisvogel	Strauss
Toekan	Toucan
Uil	Eule
Zwaan	Schwan

Vormen
Formen

Bol	Kugel
Boog	Bogen
Cilinder	Zylinder
Cirkel	Kreis
Curve	Kurve
Driehoek	Dreieck
Hoek	Ecke
Hyperbool	Hyperbel
Kant	Seite
Kegel	Kegel
Kubus	Würfel
Lijn	Linie
Ovaal	Oval
Piramide	Pyramide
Prisma	Prisma
Randen	Kanten
Rechthoek	Rechteck
Ronde	Rund
Veelhoek	Polygon
Vierkant	Quadrat

Wandelen
Wandern

Berg	Berg
Dieren	Tiere
Gevaren	Gefahren
Kaart	Karte
Kamperen	Camping
Klif	Klippe
Klimaat	Klima
Laarzen	Stiefel
Moe	Müde
Natuur	Natur
Oriëntatie	Orientierung
Parken	Parks
Stenen	Steine
Top	Gipfel
Voorbereiding	Vorbereitung
Water	Wasser
Weer	Wetter
Wild	Wild
Zon	Sonne
Zwaar	Schwer

Water
Wasser

Douche	Dusche
Drinkbaar	Trinkbar
Geiser	Geysir
Golven	Wellen
Ijs	Eis
Irrigatie	Bewässerung
Kanaal	Kanal
Meer	See
Moesson	Monsun
Oceaan	Ozean
Orkaan	Hurrikan
Overstroming	Flut
Regen	Regen
Rivier	Fluss
Sneeuw	Schnee
Stoom	Dampf
Verdamping	Verdunstung
Vochtig	Feucht
Vochtigheid	Feuchtigkeit
Vorst	Frost

Weersomstandigheden
Wetter

Atmosfeer	Atmosphäre
Bliksem	Blitz
Donder	Donner
Droogte	Dürre
Hemel	Himmel
Ijs	Eis
Klimaat	Klima
Mist	Nebel
Moesson	Monsun
Orkaan	Hurrikan
Overstroming	Flut
Polair	Polar
Regenboog	Regenbogen
Storm	Sturm
Temperatuur	Temperatur
Tornado	Tornado
Tropisch	Tropisch
Vochtig	Feucht
Wind	Wind
Wolk	Wolke

Wetenschap
Wissenschaft

Atoom	Atom
Chemisch	Chemisch
Deeltjes	Partikel
Evolutie	Evolution
Experiment	Experiment
Feit	Tatsache
Fossiel	Fossil
Gegevens	Daten
Hypothese	Hypothese
Klimaat	Klima
Laboratorium	Labor
Methode	Methode
Mineralen	Mineralien
Moleculen	Moleküle
Natuur	Natur
Natuurkunde	Physik
Organisme	Organismus
Planten	Pflanzen
Zwaartekracht	Schwerkraft

Wetenschappelijke Discip
Wissenschaftliche Disziplinen

Anatomie	Anatomie
Archeologie	Archäologie
Astronomie	Astronomie
Biochemie	Biochemie
Biologie	Biologie
Chemie	Chemie
Ecologie	Ökologie
Fysiologie	Physiologie
Geologie	Geologie
Immunologie	Immunologie
Mechanica	Mechanik
Meteorologie	Meteorologie
Mineralogie	Mineralogie
Neurologie	Neurologie
Plantkunde	Botanik
Psychologie	Psychologie
Robotica	Robotik
Sociologie	Soziologie
Thermodynamica	Thermodynamik
Voeding	Ernährung

Wiskunde
Mathematik

Bol	Kugel
Decimaal	Dezimal
Diameter	Durchmesser
Divisie	Division
Driehoek	Dreieck
Exponent	Exponent
Fractie	Bruchteil
Geometrie	Geometrie
Hoeken	Winkel
Loodrecht	Senkrecht
Omtrek	Umfang
Parallel	Parallel
Rechthoek	Rechteck
Rekenkundig	Arithmetik
Som	Summe
Symmetrie	Symmetrie
Veelhoek	Polygon
Vergelijking	Gleichung
Vierkant	Quadrat
Volume	Volumen

Zomer
Sommer

Boeken	Bücher
Duiken	Tauchen
Familie	Familie
Games	Spiele
Herinneringen	Erinnerungen
Kamperen	Camping
Muziek	Musik
Ontspanning	Entspannung
Reis	Reise
Sandalen	Sandalen
Sterren	Sterne
Strand	Strand
Tuin	Garten
Vakantie	Urlaub
Voedsel	Essen
Vreugde	Freude
Vrienden	Freunde
Vrije Tijd	Freizeit
Zee	Meer
Zwemmen	Schwimmen

Zoogdieren
Säugetiere

Aap	Affe
Bever	Biber
Coyote	Kojote
Dolfijn	Delfin
Ezel	Esel
Geit	Ziege
Giraf	Giraffe
Gorilla	Gorilla
Hond	Hund
Kameel	Kamel
Kangoeroe	Känguru
Kat	Katze
Konijn	Hase
Leeuw	Löwe
Olifant	Elefant
Paard	Pferd
Stier	Stier
Vos	Fuchs
Walvis	Wal
Wolf	Wolf

Gefeliciteerd

Je hebt het gehaald!

We hopen dat u net zoveel plezier beleeft aan dit boek als wij aan het maken ervan. We doen ons best om spellen van hoge kwaliteit te maken.

Deze puzzels zijn op een slimme manier ontworpen zodat je actief kunt leren terwijl je plezier hebt!

Vond je ze mooi?

Een Eenvoudig Verzoek

Onze boeken bestaan dankzij de recensies die zij publiceren. Kunt u ons helpen door nu een mening achter te laten ?

Hier is een korte link die u naar uw bestellingen beoordelingspagina.

BestBooksActivity.com/Recensie50

FINAAL UITDAGING!

Uitdaging nr. 1

Klaar voor uw bonusspel? We gebruiken ze de hele tijd, maar ze zijn niet zo gemakkelijk te vinden. Hier zijn **Synoniemen!**

Noteer 5 woorden die je ontdekt hebt in elk van de onderstaande puzzels (nr. 21, nr. 36, nr. 76) en probeer voor elk woord 2 synoniemen te vinden.

Notitie 5 Woorden uit *Puzzle 21*

Woorden	Synoniem 1	Synoniem 2

Notitie 5 Woorden uit *Puzzle 36*

Woorden	Synoniem 1	Synoniem 2

Notitie 5 Woorden uit *Puzzle 76*

Woorden	Synoniem 1	Synoniem 2

Uitdaging nr. 2

Nu je opgewarmd bent, noteer 5 woorden die je ontdekt hebt in elke hieronder genoteerde puzzel (nr. 9, nr. 17, nr. 25) en probeer voor elk woord 2 antoniemen te vinden. Hoeveel regels kan je doen in 20 minuten?

Notitie 5 Woorden uit *Puzzle 9*

Woorden	Antoniem 1	Antoniem 2

Notitie 5 Woorden uit *Puzzle 17*

Woorden	Antoniem 1	Antoniem 2

Notitie 5 Woorden uit *Puzzle 25*

Woorden	Antoniem 1	Antoniem 2

Uitdaging nr. 3

Prachtig, deze finaal uitdaging is makkelijk voor jou!

Klaar voor de laatste? Kies je 10 favoriete woorden die je in een van de puzzels hebt ontdekt en noteer ze hieronder.

1.	6.
2.	7.
3.	8.
4.	9.
5.	10.

De uitdaging is nu om met deze woorden en binnen een maximum van zes zinnen een tekst te schrijven over een persoon, dier of plaats waar je van houdt!

Tip: U kunt de laatste blanco pagina van dit boek als kladblaadje gebruiken!

Je schrijven:

NOTITIEBOEKJE:

TOT SNEL!

Linguas Classics

GENIET VAN GRATIS SPELLEN

GO

↓

BESTACTIVITYBOOKS.COM/FREEGAMES